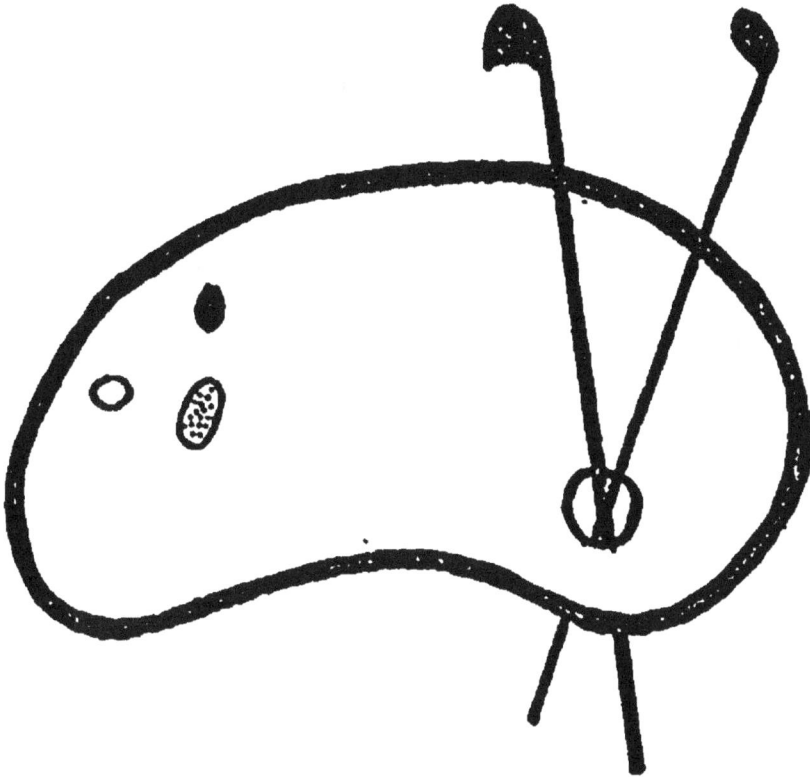

COUVERTURE SUPERIEURE ET INFERIEURE
EN COULEUR

HISTOIRE

DU

COLLÈGE DE SAINT-SEVER

(Landes)

PAR M. XAMBEU

DAX

IMPRIMERIE J. JUSTÈRE

24, BOULEVARD DE LA MARINE, 24.

1884

HISTOIRE

DU

COLLÈGE DE SAINT-SEVER

(Landes)

PAR M. XAMBEU.

DAX

IMPRIMERIE J. JUSTÈRE

24, BOULEVARD DE LA MARINE, 24.

1884

LE

COLLÈGE DE SAINT-SEVER

AVANT 1791.

On a beaucoup discuté, pendant ces dernières années, sur le développement de l'Instruction publique en France sous l'ancienne monarchie et depuis 1789. Certains partisans de l'ancien régime, s'appuyant sur le nombre des signatures inscrites aux actes de mariage, conservés dans les anciennes paroisses, ont affirmé que l'instruction primaire était alors plus répandue qu'aujourd'hui ; ils n'ont prouvé que deux choses, c'est qu'ils savaient faire de bons choix pour la soutenance de leur thèse et que, dans ces paroisses heureusement choisies comme exemples, il y avait un pasteur dévoué qui aimait l'instruction et la propageait. Il suffit de consulter le tableau de la statistique pour 1790 et les années qui suivent, contenant le nombre des conscrits en France sachant lire et écrire, pour reconnaître que la proportion des illettrés était énorme avant le XIX° siècle, que l'instruction primaire était presque partout négligée en France et qu'elle n'a acquis une importance réelle que depuis les lois de 1834 et de 1866.

Mais personne n'ose assurer que l'instruction secondaire fût mieux distribuée ; les Collèges étaient déjà nombreux avant 1789. Les Sorbonnistes, les Oratoriens, les Jésuites, les membres des 21 universités et des congrégations religieuses se partageaient l'enseignement des humanités ; cet enseignement était insuffisant, exclusivement ltitéraire, sans aucun programme scientifique. (Note A.)

Dans certaines villes les congrégations religieuses avaient ouvert quelquefois des écoles d'enseignement secondaire pour l'instruction des fils des notables. Il en était ainsi à Saint-Sever où dominait depuis longtemps la congrégation des Bénédictins de St-Maur et où s'étaient aussi fixés les Dominicains.

En 1532, D. Gabriel de Grammont, abbé commanditaire de l'abbaye de Saint-Sever et évêque de Tarbes, avait créé à Saint-Sever un Collège où l'on enseignait la rhétorique et les humanités.

(Historiœ Monasterii St-Severii, dom Daniel du Buisson, p. 90.)

En 1571, le Collège d'Aire qui existait depuis 1553, n'ayant pas assez d'élèves et se trouvant dans une ville de peu de ressources, est transféré à Saint-Sever.

Cet établissement d'enseignement secondaire avait été fondé à Aire par l'initiative de différentes communes : Aire fournissait le local et le matériel ; les paroisses voisines payaient, proportionnellement au nombre des élèves envoyés, les traitements du Principal et des Régents. Cette combinaison était heureuse et méritait d'être suivie.

(Archives d'Aire, G. G. 8.)

On trouve dans les archives départementales (série E, supplément G. G. 19), une enquête sur les avantages de conserver à Saint-Sever le Collège qui y avait été transporté d'Aire pendant les guerres de religion.

Le Collège de Saint-Sever devint prospère ; on comptait en 1590 plus de trois cents élèves logeant dans les différentes maisons de la ville....

(Archives de St-Sever, G. G. 19.)

Bientôt des discussions eurent lieu entre Saint-Sever et Aire au sujet du Collège. L'économe de l'évêché d'Aire, qui centralisait les subventions des paroisses, refusa de payer les régents. Un arrêt du Parlement de Bordeaux en date du 14 janvier 1597 ordonna le transfert du Collège à Aire.

(De l'Instruction publique dans les Landes avant 1789, H. Tartière.)

Le Collège ne put pas se maintenir longtemps à Saint-Sever sans les ressources des paroisses et la bonne volonté des Bénédictins : les bâtiments du Collège furent même vendus.

« Quarum quœdam testantur charta eumdem Carolum fratris sui vices « gerentem, scholas seu collegium quoddam in hâc urbe ipstituisse, « anno 1532 ; in quo, regentes, seu magistros et prœceptores ad juvenum « in litteris humanioribus institutionem collocavit, et redditus attribuit, « qui nunc, cum ipso collegio à burgensibus vendito, desiderantur (1681).

(Historiœ M¹¹ St-Severii, dom Petro Daniel du Buisson, p. 91.)

Plus tard en 1687, les jurats de la ville demandent secours à l'évêque d'Aire et lui adressent une supplique pour la réorganisation de l'ancien Collège.

(*Archives, série E, supplément B. B. 4 et D. D. 5.*)

Sur la recommandation de l'évêque et par la volonté du prieur de l'abbaye, Gabriel Marchand, trois R. P. Bénédictins de Saint-Sever sont désignés en 1699 pour enseigner la Rhétorique, les Humanités, la troisième et la quatrième.

« Institutum est de mandato, admodum R. P. Sup. Generalis, hœc in
» monasterio publicum perpetuum que, ad perficiendam in humanioribus
» litteris Sanseverianam juventutem, gymnasium, tribus scilicet deputatis
» et constitutis religiosis, ad suis quoœque prœceptis informandos
» Rhetores, humanistas, tertianos et quaternos.

(*Historiœ M.*, *dom Daniel, p. 111.*)

Il est intéressant de lire l'extrait suivant :

» Du Registre des résolutions prises dans l'Assemblée du très R. P.
» Général et des RR. PP. Assistants, 4 octobre 1698.

« Le très R. P. Général accorde par grâce et par pure bienveillance
» aux habitants de Saint-Sever, Cap de Gascogne, trois religieux de la
» Congrégation pour enseigner la jeunesse, conformément à là prière
» qu'ils en ont souvent faite et qu'ils ont nouvellement réitérée par M. le
» Maire, tant en son nom qu'en celui de sa communauté par une lettre
» datée du 20 septembre 1698.

» Fait et expédié par le monastère de St-Sever Cap le 6 Octobre 1698.

Frère Julien RAGUIDEAU, secrétaire.

» Le présent extrait a été tiré par moi, secrétaire du chapitre du
» monastère de Saint-Sever Cap ce 21 avril 1699, sur son original que
» j'ai retenu.

Frère Jérôme LAFEURIÈRE.

Le titre porte : « Concession accordée par le R. P. Général des Bénédictins, Congrégation de Saint-Maur, en faveur des habitants de Saint-Sever ».

Il faut croire que la bienveillance des R.R. P. P. Bénédictins ne fut pas de longue durée, car dès le mois d'avril 1699 des discussions eurent lieu. On lit dans les archives communales (GG. 19) une délibération de la ᵐmunauté de la ville de Saint-Sever, concernant l'exemption de taille prétendue par les R. P. Bénédictins par rapport à l'établissement du Collège et la résolution suivante :

« Etant assemblés en Conseil dans l'Hôtel de ville, Messieurs les
» Maire, jurats et conseillers de la ville, soussignés.

» Les dits sieurs Maire et jurats ont représenté que, depuis
» l'établissement des R. P. Bénédictins de la congrégation de St-Maur en
» la présente ville, la communauté les a toujours sollicités de donner
» un Collège pour instruire la jeunesse, ce que les dits sieurs religieux
» ont fait espérer de temps en temps.

» La dite communauté ayant un procès fort considérable avec les dits
» sieurs religieux au sujet de la nobilité de certains biens prétendus
» par les dits sieurs religieux.

» Les dites deux communautés auraient enfin projeté de la terminer,
» et, comme cela ne pourrait se faire qu'à grands frais, il aurait été
» proposé aux dits sieurs religieux que, pour vivre en paix, il serait
» expédient de nous donner le Collège tant attendu, ce que
» moyennant, la communauté consentirait non-seulement à ce que les
» biens prétendus nobles fussent exempts de taille et autres charges,
» mais encore les autres biens dont les dits sieurs religieux payent la
» taille sans contestation, ce que les dits sieurs religieux auraient
» trouvé bon de demander à leur P. Général, ce que le dit sieur maire
» aurait fait en sorte que dit P. Général aurait permis l'établissement
» d'un Collège pour quatre classes, savoir : 4e, 3e, 2e, rhétorique,
» qui sont remplies par trois régents, mais les dits sieurs religieux
» n'auraient pas voulu consentir que, dans le contrat passé au sujet
» de la nobilité des dits biens, il fut parlé du Collège, quoique ce soit
» la véritable cause, qui a mis la communauté à y consentir, en sorte
» que pour n'être pas privés d'un bien public et du fruit qu'on espère
» retirer de ce Collège, qui est déjà établi depuis le commencement de
» cette année, la dite communauté a consenti le contrat considérant
» ladite nobilité des biens de la manière que les dits sieurs religieux
» l'ont voulue.

» Cependant en cas que les choses vinssent à changer dans la suite
» des temps, ledit maire a dit qu'il importe à la communauté de faire
» paraître le véritable motif et cause principale du dit contrat.

» Sur quoi, ayant demandé l'avis de l'assemblée.

» A été dit et délibéré que la véritable cause du contrat qui serait
» passé aujourd'hui devant Girard, notaire royal, est parce que les dits

» sieurs religieux nous ont donné le Collège et c'est même ce qui aurait
» été convenu de la sorte, c'est pour cela que la communauté proteste
» de rentrer en tous ses droits en cas que les choses viennent à changer
» au sujet du dit Collège, n'ayant passé le dit contrat qu'en considération
» du bien public et du fruit qu'on espère tirer du dit Collège, au surplus
» qu'il sera fait une délibération par laquelle la communauté, en
» reconnaissance du dit Collège décharge à l'avenir de taille et autres
» impositions les autres biens que les dits sieurs religieux possèdent
» dans la paroisse.

Ont signé : Captan, maire ; Lucat, jurat ; Basquiat, jurat ; Darbo, syndic ;
Bréthous, Lafitte, Laborde, Cabanes, Dupoy, Lamarque, de Laborde
Meignos, de Larhède....

Les religieux n'exécutèrent pas toutes leurs promesses, ils donnèrent
trois régents, ensuite deux.

Depuis 1670 jusqu'à 1791, les Bénédictius attachés à l'instruction
furent :

1670. — Jean Cladière et Jean La Case.

1678. — Raymond Foucard.

1736. — Etienne Béchade.

1743. — Guillaume Peythieu.

1748. — J. B. Pezet.

1749. — Gros et Pierre Bergés.

1765. — Pierre Bruno.

1781. — A. Sordes.

1785. — P. Offray.

1786. — Jean Chambon.

1787. — Isidore Barréra et J.-B. Bousquet.

1788. — J.-J. Malaret.

1789. — Bertrand Campnas et Jean Mathieu.

Aucun document n'indique comment l'instruction secondaire était
alors donnée à Saint-Sever.

Le Collège dura, mais il ne parvint pas à acquérir l'ancienne prospérité
de 1590, il comptait à peine quarante élèves en 1789.

Dès cette époque les de Ladoue, les Costedoat, les Besselère, les de
Laporterie, les Capdeville, les Brethous, les Coudroy, les Basquiat, les
Captan, les de Laborde, les Lamarque tenaient une place importante
dans les conseils de la cité.

L'ancienne ville de Saint-Sever (caput Gasconiœ, la tête ou la porte de la Gascogne) n'a pas encore eu d'historien qui ait indiqué exactement le rôle considérable qu'elle a tenu dans la suite des temps. S'il nous était permis d'adresser une observation au savant collectionneur de « Historiœ Monasterii St-Severii », nous lui dirions qu'il lui en aurait coûté bien peu de donner une traduction du manuscrit du P. Daniel du Buisson, traduction française, et de montrer que l'histoire du monastère était l'histoire même de la ville ; il suffisait d'ajouter quelques notes sur les évènements politiques qui agitaient non-seulement le monastère mais encore les populations qui s'étaient successivement groupées autour de ses murs. (Note B.)

Nous n'avons qu'à rechercher ici l'histoire particulière de ce couvent des Dominicains qui fut le Collège quelque temps après le décret du 17 février 1790, décret qui abolissait les vœux monastiques et déclarait les biens des couvents propriété nationale.

Tout porte à croire que les Dominicains étaient venus à Saint-Sever à la fin du XIIIᵉ siècle avec l'autorisation des Bénédictins, qui exigeaient, de tous, leurs droits seigneuriaux ; des discussions eurent lieu plus tard entre ces deux congrégations dont l'une était maîtresse absolue à Saint-Sever et l'autre devenait puissante à Rome. (Note C.)

(Historiœ Mᵘ St-Severii, Dom Daniel.)

Les Dominicains surent bientôt s'agrandir ; en 1323 ils s'établissaient régulièrement à Saint-Sever.

(Arch. dép., série H, supplément. Voir petit cartulaire de Saint-Sever.)

La construction de leur couvent fut d'une durée assez longue ; deux pierres placées l'une dans la cour du gymnase actuel et l'autre au premier pilier de la cour d'entrée, portant la date de 1655 et de 1764. Les anciens du pays ont entendu dire que déjà longtemps avant la Révolution de 1789, les Dominicains de Saint-Sever avaient ouvert une école secondaire.

Ceux d'entre eux dont on a pu conserver le nom et dont la plupart avaient enseigné étaient :

1637. — Louis Dorthes.

1660. — Jean Cloche, qui devint plus tard supérieur général de l'ordre.

1699. — Jacques Daris, Thomas Barna, Laborde, Dubroca, Paradol.

1724. — Siméon Prissonnier, Darbo, Mahon, Dautré.

1731. — Pierre St-Genez, Pierre Mora.

1751. — J.-B. Lauger, P. Lannelongue.

1779. — Jean Caplanes, P. Lamarque, P. F. Cloche.

1781.. — Noël Clément.

1787. — Barthélemy Daroux.

Un vote public du 22 Décembre 1789 prouve combien les habitants de Saint-Sever tenaient à leurs P. P. religieux et aux établissements d'enseignement secondaire. (Note D.) Quelques mois après, le conseil de la commune réclamait déjà l'établissement d'un Collège, comme il résulte de la délibération suivante :

« 17 Mai 1790.

« En l'assemblée générale du conseil de la commune tenue dans
» l'hôtel de ville; présents : MM. de Toulouzette, maire, Tortigue,
» Hontang, Pixarre, Marsan, Daudigeos, Madray, Daugreilh, officiers
» municipaux. MM. Douat, Méricamp, Lafaurie, Casenave, Darhède,
» Dupouy de Béarn et Grist notables.

» M. de Toulouzette dit que l'établissement d'un Collège présente un
» moyen de vivification avantageux pour la ville ; que, par la position, la
» salubrité de l'air, par les bâtiments immenses qu'elle renferme dans
» son sein, occupés aujourd'hui par différents ordres religieux de tout
» sexe, elle mérite ses préférences sur toutes les autres villes du
» département.

» Sur quoi M. Lafite, procureur de la commune a exposé que
» l'établissement d'un Collège bien organisé présente non-seulement des
» avantages mais les rendent nécessaires, qu'il profiterait à tout le
» département et que la ville de Saint-Sever est naturellement désignée
» pour cet établissement, comme se trouvant au centre de la population,
» avec d'autant plus de raison qu'il serait difficile et impossible même
» d'utiliser sans cela les bâtiments immenses que les religieux vont
» abandonner, que personne ne voudrait ou ne pourrait acquérir, vu la
» médiocrité des facultés des habitants et que d'ailleurs ils ne peuvent
» convenir qu'à des établissements publics.

» Et la matière mise en délibération, le Conseil général qui a reconnu
» la justesse des raisons ci-dessus détaillées a délibéré et arrêté qu'il
» sera fait une adresse à l'assemblée nationale pour la supplier d'établir
» un Collège dans la ville de Saint-Sever, d'après les bases et
» l'organisation qui seront par elle décrétées.

La maison des Jacobins, bien située, solidement bâtie, ingénieusement et confortablement distribuée, fut désignée plus tard pour recevoir l'école centrale du département des Landes.

Le bâtiment n'a rien perdu de sa forme ancienne ; les aménagements intérieurs apportés en 1810 et en 1867 n'ont pas modifié son aspect. Le Collège actuel occupe une superficie de 75 ares 29 centiares dont 32 ares 85 centiares en sol bâti, et 42 ares 44 centiares en cours et jardin.

NOTE A.

Les Universités.

Dès le XIII⁰ siècle, des maisons d'enseignement secondaire et supérieur furent créées en dehors des écoles épiscopales et monastiques ; la plus célèbre fut celle établie à Paris par Robert de Sorbon en 1252. Lors de la constitution de l'Université de France en 1808, la Sorbonne fut désignée le chef-lieu de l'Académie de Paris et le centre pour cette Académie de toutes les Facultés d'enseignement supérieur. Ces grandes maisons d'enseignement constituèrent ces Universités qui ont joué, à côté des Parlements, un grand rôle politique dans l'histoire de notre pays.

L'Université de Toulouse, fondée en 1223 et privilégiée par le comte Raymond en avril 1229, fut l'une des plus importantes. Au XVI⁰ siècle, les Universités n'avaient pas pu s'opposer à l'établissement des Jésuites qui, avec les Dominicains et les Oratoriens, s'emparèrent peu à peu de l'enseignement secondaire.

Un décret de la Convention du 20 mars 1791, ordonna la suppression des 23 Universités qui existaient alors en France et desquelles relevaient, dans leur ressort, les Facultés d'enseignement supérieur et de nombreuses écoles secondaires.

Les Jésuites.

La force matérielle, dit H. Martin, dans son *Histoire de France*, était devenue au XVI⁰ siècle insuffisante contre la puissance de propagande que déployait le protestantisme. Les Dominicains et les Franciscains, d'autant plus profondément atteints par la corruption que l'exagération de leurs règles dépassait davantage les forces humaines, s'étaient montrées parfois accessibles aux idées d'indépendance. Les causes de leurs succès au moyen âge n'étaient plus qu'une cause de répulsion auprès de l'élégante et railleuse société du XVI⁰ siècle.

Les chefs du parti papal comprirent que la seule chance de retenir le monde laïque sous leurs lois était de se rapprocher de lui. Au lieu de créer des moines plus extraordinaires que les autres moines, ils voulurent faire des moines aussi semblables que possible aux prêtres séculiers ; c'est dans cet esprit que furent établis en 1524 les Théatins, en 1525 les Capucins, en 1538 les Jésuites. La Société de Jésus put établir sa première maison en France dans l'année 1561 ;

elle s'installa, se fit immatriculer dans le corps universitaire et, au mois d'octobre 1564, elle pouvait ouvrir son premier collège à Paris. Dès cette époque, les Jésuites furent accusés de tout oser et de tout faire au profit de leur œuvre : cinquante ans après, la Société possédait en France, 24 maisons, 180 collèges et 90 séminaires.

Les Oratoriens.

P. Bérulle, devenu plus tard cardinal, institua en novembre 1611, sous le titre de l'*Oratoire de Jésus*, une association à laquelle le fondateur, dit Bossuet (Oraison funèbre du P. Bourgoin, troisième Général de l'ordre) « n'a voulu donner d'autre esprit que l'esprit même de l'Eglise, d'autres règles que les saints canons, d'autres vœux que ceux du baptême et du sacerdoce, d'autres liens que ceux de charité, d'autre but que de relever les études et de former des docteurs et des prédicateurs. » L'oratoire fut autorisé par ordonnance royale de Décembre 1611 ; les lettres patentes données par la reine-mère en Janvier 1612, disent : « Est autorisée une fondation de maisons et congrégations de prêtres vivant en société, desquels la principale fin soit de tendre à la perfection de l'ordre de prêtrise et par ce moyen s'employer continuellement par ordonnance de l'évêque, à instruire le peuple en la doctrine chrétienne, l'exciter par de bons exemples et enseignements aux œuvres pies. »

Dès 1629, le cardinal de Bérulle avait décidé que « la Congrégation se trouvant chargée de plusieurs jeunes gens sans emploi, les Oratoriens prendraient pour les exercer les collèges dont la direction leur serait offerte. »

·La Congrégation posséda bientôt en France 4 maisons à Paris et 54 en province ; un très grand nombre de séminaires et de collèges lui furent confiés.

« Partout où passèrent les prêtres de l'Oratoire, les mœurs du clergé s'épurèrent, » ses idées s'élevèrent ; une sainte érudition, de fortes études classiques rempla- » cèrent cette antiquité bâtarde qu'avaient déjà travesti les Jésuites et obligèrent » ceux-ci à se piquer d'émulation. » (Henri Martin.) Dans ce temps, 1630, les lettres et l'érudition prirent dans le clergé un essor inconnu ; les prêtres séculiers, y compris les chanoines, abbés et prieurs commandataires dépassaient cent mille ; on comptait en même temps 87,000 moines et 80,000 religieuses. (Archives, 1re série, tome 14, page 431.) La loi du 5 avril 1792 supprima la Congrégation de l'Oratoire ; leurs maisons d'éducation furent fermées en France. Le 16 août 1852, sous l'inspiration du P. Gratry et sous la direction de l'abbé Pételot, curé de St-Roch, à Paris, six hommes, la plupart jeunes, reprenaient le nom d'Oratoriens jadis illustré par de Bérulle, Mallebranche, Massillon. L'un d'eux, Mgr Perraud, évêque d'Autun, qui a publié une thèse fort remarquable sur l'Oratoire, au XVIIe et au XIXe siècle, a été reçu (juin 1882), membre de l'Académie française.

NOTE B.

Les Bénédictins et le monastère de Saint-Sever.

Les Normands avaient fait une descente en Aquitaine à la fin du Xe siècle. Guillaume Sanche, duc de Gascogne, parvint à les repousser et l'on raconte qu'il avait fait le vœu, en l'honneur de sa victoire, d'élever un monastère à Saint-Sever.

L'abbaye fut fondée ou reconstruite en 923 et elle fut placée sous la règle de St-Benoît.

C'était en 528 que l'italien Benedictus avait réuni, sur le mont Cassin, plusieurs moines auxquels il imposa une règle sévère : « Vœux perpétuels, travail des mains, obéissance passive. » St-Maur, disciple de St-Benoît, établit en 543 un premier couvent dans l'Anjou et successivement plusieurs monastères furent édifiés en France.

Cette nécessité du travail manuel, imposé aux religieux, eut des avantages incontestables ; les Bénédictins, protégés par leur caractère sacré, indépendants des princes et des nobles, possédèrent des centres agricoles très importants et Guizot a pu les appeler avec raison les défricheurs de l'Europe.

Cette culture agricole ne fut pas la seule exploitée par les Bénédictins ; longtemps après, la congrégation de St-Maur s'empara des études historiques et la réforme de la règle de St-Benoît, « amenée par la nécessité de restaurer la discipline et les mœurs anéanties dans cet ordre antique d'où était sorti le monachisme occidental », produisit une pépinière d'érudits aussi infatigables à défricher les champs de l'histoire et de l'archéologie que leurs devanciers, les moines laboureurs, l'avaient été à « essarter » les landes et les forêts. (H. Martin.)

Avant 1789, les Bénédictins avaient dirigé des écoles célèbres, parmi lesquelles on peut citer celles de Dôle (Jura) et celle de Sorèze (Tarn) : ils furent balayés par la Révolution française et ils ne reparurent plus en nombre ; une de leurs maisons existait encore, il y a quelques jours, en 1882, à Solesmes (Sarthe).

Le R. P. Daniel Dubuisson a laissé un manuscrit précieusement conservé aujourd'hui à la mairie de Saint-Sever, dans lequel il a raconté (en latin) l'histoire du monastère de Saint-Sever. MM. Pédegert et Lugat ont fait imprimer ce manuscrit en 1876 ; nous en retirons les renseignements qui suivent.

Le monastère aurait été créé sous le roi Dagobert (page 2, tome 1) et reconstruit en 923 par le comte G. Sanche (page 135). Quelques habitants se groupèrent autour de cette maison en 963 (page 177). Ce fut là sans doute l'origine de Saint-Sever ; trois cents ans après, la ville avait pris de l'extension entre le monastère et le vieux fort romain construit sur le plateau de Morlanne.

Ce castellum (palestrion) appartenait aux comtes de Gascogne, il occupait la place d'un ancien camp (castrum cœsaris) , quelques années encore et tout cela ne sera plus qu'un souvenir, car il reste à peine quelques traces souterraines de ces anciennes constructions.

De 1273 à 1426, le pays fut sous la domination des Anglais. Charles, qui fut plus tard roi sous le nom de Charles IV, avait repris un instant Saint-Sever en 1205. (Archives, série H. H. 1.) Le roi Édouard d'Angleterre avait accordé de nombreux privilèges aux habitants de Saint-Sever qui nommaient alors leur conseil et leurs jurats. Ces privilèges furent maintenus par Charles VII (1426). Le Maire était élu pour un an, il n'était rééligible que trois ans après ; pendant la durée de son mandat, il recevait une indemnité comptée à raison de mille sols par an. Des rivalités eurent souvent lieu entre les Bénédictins du monastère et le Conseil ou communauté de Saint-Sever.

Le 2 mars 1372, un tremblement de terre fit de terribles ravages à Saint-Sever (page 270) ; le monastère détruit fut immédiatement réparé et tout parut tranquille pendant plusieurs années.

Les guerres de religion furent cruelles dans les pays d'Aquitaine, de Gascogne et du Béarn ; le 11 septembre 1559, le comte G. de Montgoméry s'empara de Saint-Sever ; les Bénédictins, les prêtres furent tués et le monastère fut saccagé.

Dans le procès-verbal dressé par ordre du roi Charles IX, du 18 janvier 1572 (page 349), on lit : « Ils ont emporté et brûlé tous les documents et titres de la » vieille abbaye et aussi tous les livres tant du service divin que de la librairie » de tous arts et sciences, de valeur inestimable ».

Ces ruines ne provenaient pas seulement des protestants qui avaient été battus par Blaise de Montluc (campagne de 1560 à 1562); les fureurs des uns fournissaient aux autres de sanglantes représailles. « Il faut lire Montluc lui-même, dans ses » mémoires, pour comprendre à quelle barbarie systématique, à quel degré de » mépris pour la vie des hommes, la dépravation qu'engendrent les discordes » civiles, politiques et religieuses, peut conduire une nature qui avait été » susceptible de loyauté et de générosité ».

Nulle part la guerre ne fut plus atroce et le succès plus disputé qu'en Guyenne et Gascogne; les bandes huguenotes de Stopignan et de Duras se vengeaient par des torrents de sang.

On lit dans ce même procès-verbal du 18 janvier 1572 : « En la dite ville de » Saint-Sever, y avait un beau couvent de mendiants des frères prêcheurs de » l'ordre de St-Dominique lequel a esto ruiné et démoli entièrement, si ce n'est » un peu de couverture à la grande nef de l'église et tous les ornements, livres et » librairies, joyaux et biens ont été pillés et emportés par ceux de la dite religion » prétendue. A présent, il y a six religieux en grande pauvreté, qui y font le » service divin au mieux qui leur est possible dans les ruines de la dite église ».

Plus tard, en mai 1611, les droits de l'abbaye furent confirmés par Louis, roi de France, et le 25 février 1619, les privilèges du monastère étaient réétablis. (Cartulaire de l'abbaye. Droits. Archives. Série H. II. 14.)

Les prétentions des Bénédictins devinrent énormes et l'on trouve dans plusieurs procès-verbaux le compte-rendu des discussions qui eurent lieu entre le monastère et les jurats de la ville.

Les derniers abbés du Couvent furent le R. P. de la Ferronays en 1780 et le R. P. Dulau d'Aleman en 1790. Après la retraite de ce dernier, en janvier 1791, conduits par le P. Gros, prieur, les Bénédictins de Saint-Sever jurèrent presque tous fidélité à la nouvelle Constitution.

Le monastère devint propriété nationale et fut bien bouleversé dans son plan intérieur: il comprenait tout le quartier qui contient aujourd'hui (1882) l'église du Tour du Sol, la cure, le cloître, la mairie et toutes les habitations et jardins depuis la rue des Arceaux jusqu'à la rue Durrieu.

NOTE C.

Les Dominicains.

Les prédications hétérodoxes, au XIIe et au commencement du XIIIe siècle, avaient profondément agité l'Église romaine. Dominique, chanoine d'Osma et François d'Assise, entreprirent de le soutenir par la création de deux ordres destinés à propager la foi catholique. Le concile de Latran autorisa le 11 novembre 1215 les Dominicains et les Franciscains. La première maison des frères prêcheurs Dominicains fut établie à Toulouse, la seconde à Paris, dans un établissement de la rue St-Jacques, ce qui leur valut aussi le nom de Jacobins. En 1220, Dominique interdit à son ordre le droit de propriété.

« Si les Franciscains représentaient le sentiment dans la sphère de l'orthodoxie, » les Dominicains y représentèrent le raisonnement, la science, l'enseignement » religieux de la théologie » et malheureusement aussi le principe de la persécution. Au XVIIIe siècle, les Dominicains possédaient un grand nombre de couvents distribués dans 45 provinces dont 34 en Europe. L'ordre fut supprimé en 1790; les Dominicains avaient reparu sous Louis-Philippe dans une maison « les Carmes » rue Vaugirard, à Paris; ils se reconstituèrent sur plusieurs points de la France après 1852, sous Napoléon III.

NOTE D.

Archives de la Mairie de Saint-Sever, B. B. 9, 1788-1792.

Du 22 Décembre 1789.

Les citoyens de la ville de Saint-Sever, assemblés en assemblée générale et présidés par M. Busquet, maire.

Après avoir entendu M. Du Sault, procureur du roi municipal,

Ont délibéré qu'on demandait respectueusement à l'assemblée nationale la conservation des PP. Bénédictins de cette ville avec leurs biens pour l'établissement d'un Collège qui serait confié à leurs soins, de demander également la conservation des PP. Jacobins avec leurs biens et l'établissement d'un cours de philosophie, la conservation des PP. Capucins à raison des services qu'ils rendent à la ville et à la campagne, et enfin la conservation des dames religieuses Ursulines avec leurs biens, pour l'instruction et l'éducation des jeunes filles de tout état, et le tout comme le moyen le plus efficace pour édifier cette ville et ses environs et faciliter à ses habitants les moyens de donner à leurs enfants une éducation qui les forme à la vertu et en fasse des citoyens utiles à leur patrie. Qu'à cet effet il sera adressé un mémoire à M. le Président de l'assemblée nationale et à MM. nos Députés avec la présente délibération, et MM. nos Députés seront priés d'employer leur zèle et leur soin pour le succès de cette juste réclamation.

Ont approuvé et signé :

Busquet, maire.
Tortigue, cadet, jurat.
Bernède.
Desoyé, jurat.
Chevalier de Busquiat Mugriet.
Jean Dubroca.
Pébarthe, curé.
St-Félix.
Laporterie, lieut.-général.
de Batz, chev. de St-Louis.
Dubroca.
Labbat.
Tortigue.
Geguem.
Hongtang.
Reynal.
Cazaubon.
Prisonnier, jeune.

Labat, fils.
Duplantier.
Lamothe.
Saillard.
Lataste, cadet.
de Span Destignos.
F. Dufour.
Saubusse.
Vital Dupouy.
Prisonnier, aîné.
Duplantier, C.
Gabriel.
Destenet.
Lalande.
Dufour, D.-M.
Thomas.
de Brethous, Peyron.
Lannebrase.
Poymiro.
Darrieau.

Dulau.
Dubroca.
Dupoy.
Dumartin.
Brethous Lassorre.
Coudroy.
Bordenave.
Darnaut.
Daugreuilh.
Affre.
Duprat.
Floranse.
Deslor.
Portets.
Darpleich.
Du Cousseau.
Joseph Dupouy.
Geay.
Castandets.
Gravier.

Castaignos.
Despons!
Diandar.
Labrêche.
Dupoy.
Du Broca.
Claverie.
Lafitte.
Jambon.
Daudyos.
La Courtyade.
Castandets, fils.
Baptiste Capdeville.
Prisonnier, fils.
de Marsan, chevalier de St-Louis.
Laborde.
Cola.
Brethous.
de Lafite.

Larrieu.
St-Martin.
Griot.
Lafont.
Lafourcade.
Tastet.
Comptois.
Desquibe.
Dutoya.
Dané.
Bancon.
P. Brethous.
Dutoya.
St-Genest.
P. Dubroca.
Castaing.
Le baron de Span.
Le chevalier de Basquiat, père.

Ont protesté contre la présente
délibération et ont signé :

Lafite, avocat.
Douat.
Bessellère.
Pixarres.
Tortigue, jeune.
Dubalen.
Bustaret.
Moumiet.
Destouest Lacabe.
Lacomme.
Méricamp.
Daugreil.
L. Lafaurie.
Dagnant.
Souvervie.
Dupin.

LE
COLLÈGE DE SAINT-SEVER
DEPUIS 1791 JUSQU'A 1867.

Après la Révolution de 1789, la politique absorbait tous les esprits. L'instruction publique avait, pour ainsi dire, cessé de fonctionner ; presque tous les Collèges étaient fermés. En effet, le décret du 17 février 1790, qui avait aboli les vœux monastiques et déclaré les biens des couvents propriétés nationales et aussi les lois, qui supprimaient les congrégations, portèrent un rude coup à l'enseignement secondaire. Cet enseignement était devenu depuis longtemps, ailleurs que dans les plus grandes villes et dans les Universités, le monopole des membres du clergé et des ordres religieux.

A l'Assemblée Constituante, plusieurs plans de reconstitution de l'Enseignement furent successivement proposés ; aucun ne pût être discuté sérieusement. Le mouvement révolutionnaire entraînait tout ; il fallait attendre des moments plus calmes pour essayer de réorganiser l'instruction publique. Bientôt les diverses factions voulurent s'en emparer afin de la diriger vers le but où tendaient leurs efforts ; l'enseignement à tous les degrés fut anéanti pendant les périodes de cette lutte terrible.

A Saint-Sever, se trouvèrent des hommes pratiques et instruits qui n'abandonnèrent pas cette grave question de l'enseignement. Les archives de la Mairie contiennent les extraits suivants des registres des délibérations du Directoire du département des Landes.

« 9 juillet 1791. M. Lafaurie, maire, donne lecture d'une lettre du » sieur Lamarque, prêtre, où il parle de la dispersion des élèves, de » l'arrivée prochaine des Barnabistes comme professeurs, du P. Labeyrie » et de M. Lafitte, venus pour prendre la direction du Collège. »

Le 30 octobre 1791, le Conseil municipal demande la translation à

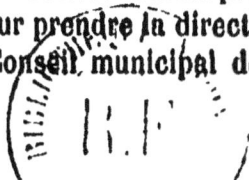

Saint-Sever des nouveaux instituteurs envoyés à Aire et adresse au gouvernement la pétition suivante :

« La vente des biens nationaux du district de Saint-Sever a produit
» des millions et une partie de ces biens étant possédée par les
» communautés de notre ville, nous pouvons mieux dire qu'aucun des
» autres districts, *aucune* ville du département ne peut entrer en
» concurrence avec nous sur cet objet.

» De tous les regrets que nous a laissés la perte de nos établissements,
» le plus vif sans doute et le plus légitime, c'est la cessation de toute
» éducation, de toute instruction pour notre jeunesse ; cet avantage
» précieux, nous l'avons perdu par la suppression de la Maison des
» Bénédictins qui, par un engagement immémorial passé avec la ville,
» était obligée de fournir des instituteurs.

» Vous pouvez nous le rendre, Messieurs, cet avantage, du moins
» provisoirement jusqu'à ce que l'Assemblée nationale ait fixé, ainsi
» que nous nous flattons qu'elle le fera, un Collège dans notre ville.
» Personne de vous, Messieurs, n'ignore que Saint-Sever, par sa
» position heureuse et d'ailleurs centrale, par la salubrité de l'air, par
» l'abondance de ses marchés, par la bonne qualité de ses comestibles,
» par la grande population de son district, est plus propre que tout
» autre pour un établissement de cette nature. La ville d'Aire, trop
» excentrique d'ailleurs, ne pourrait point entrer en concurrence avec
» nous ; en vain, nous vanterait-elle ses édifices nationaux, nous en
» avons un plus grand nombre dans notre ville ; la Maison des Jacobins
» entre autres est susceptible à très peu de frais de loger les
» instituteurs et une nombreuse jeunesse, et, comme elle est dans le
» centre de la ville, les jeunes gens qui ne pourront pas être reçus
» dans la pension, trouveront sans difficulté des logements à portée de
» leurs maîtres et de leurs écoles, avantage qu'on ne trouve point à
» Aire, puisque le Collège est posé à la campagne et très peu commode
» par conséquent pour les gens de la ville qui veulent y envoyer leurs
» enfants. D'ailleurs vous n'ignorez pas, Messieurs, combien la ville
» d'Aire se trouve insouciante pour le Collège ; cette ville infestée
» d'aristocratie et plus encore subjuguée par une horde de prêtres qui
» y ont établi le foyer de leur fanatisme ne saurait qu'être un séjour
» dangereux pour notre jeunesse. Le patriotisme n'y est point connu ou
» plutôt il y est odieux ; la Révolution, notre heureuse Révolution y est
» contestée.

» En vain, notre digne évêque y avait envoyé de Paris trois ou quatre
» instituteurs ; à leur arrivée, les prêtres ont dit à la jeunesse de s'enfuir
» et elle l'a fait de manière que ces instituteurs y languissent dans
» l'inaction et un ennui qui leur *deviendrait* insupportable, les engagerait
» à s'en retourner à Paris.

» Puisque la ville d'Aire n'a pas su apprécier la faveur momentanée
» qui lui était offerte et que l'habitude seule semblait vous avoir
» déterminé à lui accorder, attendu que les écoles y étaient déjà
» ouvertes, il est juste, Messieurs, de faire refluer ces avantages sur
» un autre qui sache mieux les connaître.

» La ville de St-Sever se présente, Messieurs ; elle promet à MM. les
» Instituteurs un accueil gracieux, elle les recevra avec joie ; une
» nombreuse jeunesse les attend, elle les réclame.

» C'est à tous ces titres que nous vous demandons d'engager MM.
» les Instituteurs à se transporter provisoirement dans la ville de
» St-Sever ; nous savons d'ailleurs qu'ils sont disposés à secouer la
» poussière de leurs pieds et à fuir une terre ingrate qui les dédaigne. »
Avons signé, le 30 Octobre 1791, les membres du conseil : Lamarque,
maire ; Dupin, officier municipal ; Lechadet ; Dudon ; A. Basquiat ;
Lannelongue ; B.-C. Basquiat ; Dagnant ; Baujouan ; Lamarque, prêtre ;
Gros, curé de St-Sever ; Destenave ; Larrieu ; Dumartin.

7 novembre 1791. « Nous avons l'honneur de vous adresser une
» pétition tendant à obtenir du département un logement convenable
» pour quatre instituteurs que M. Saurine, notre zélé évêque, est à
» même de nous faire arriver à ses frais pour commencer d'opérer à
» l'établissement d'un collège national, bien entendu que le logement
» de ces messieurs devra être meublé.

» Nous disons, par notre pétition, que dans l'un des deux couvents
» des ci-devant Jacobins et Capucins, on y trouve toute espèce de
» ressources. »
(Arrêté du Directoire du département des Landes.)

14 décembre 1791. « Vu la lettre des instituteurs constitutionnels
» établis et installés au Collège d'Aire par arrêtés des 22 et 24 novembre
» 1791, lettre en date du 4 Décembre, la dite lettre contenant les
» troubles et contrariétés qu'ils éprouvent dans leurs fonctions à Aire,
» en telle sorte, que par l'effet des menées de certains individus, les
» jeunes élèves égarés et subornés ont quitté le Collège ;

» Vu la pétition du conseil général de la commune de S-Sever

» présentée le 1er Décembre 1791, qui demande l'établissement d'u
» Collège aux Jacobins à cause des commodités que cette maiso
» présente et de l'affluence des vivres dans la ville, de la tranquillit
» dont y jouiront professeurs et élèves ;

» A cause des mauvais principes contre la Constitution tro
» répandus dans la ville d'Aire, ville entièrement livrée au fanatism
» contre la Révolution ;

» A cause des difficultés de la première installation ;

» En attendant le vote de l'Assemblée nationale sur l'Instructio
» publique en France ;

» Le Directoire ordonne la translation à St-Sever du Collège nationa
» et invite les pères, mères et autres citoyens chargés par les liens d
» sang et par l'honneur de procurer une éducation convenable à leur
» enfants, de les confier aux Instituteurs que la Constitution avoue.

» Cet arrêté sera publié dans toutes les municipalités du départemen
» et envoyé à l'assemblée nationale pour approbation. » Pour copie
Darnaut, secrétaire.

18 décembre 1791. « MM. de la Municipalité s'empressent de vou
» témoigner toute sa sensibilité et sa reconnaissance de ce que vou
» avez bien voulu entrer dans ses vues par l'arrêté que vous avez pri
» concernant la translation du Collège d'Aire dans la ville de St-Sever.

« Vous avez servi en cela la chose publique dans un objet bie
» important ; puisqu'il ne s'agit de rien moins que de former des jeune
» citoyens dans l'esprit de la Constitution et les rendre propres à servi
» un jour utilement la patrie. »

Le 25 décembre 1791, le Conseil vote une somme de 2,000 franc
pour les réparations et arrangements du Collège. MM. Benoit-Clément
Basquiat et Alexis Basquiat, sont délégués pour procéder à tous les
soins. Le 10 janvier 1791 eut lieu l'installation officielle de MM. les
instituteurs ; les membres de la municipalité de Saint-Sever et des
municipalités voisines, les membres du Directoire du district, les
officiers et la garde nationale assistèrent à la messe du St-Esprit.
MM. Castets et Camescasse étaient administrateurs du district de
Saint-Sever ; MM. Dupouy et Larrieu furent les organisateurs de la fête.

A cette époque, M. Lamarque était maire, Lespez, officier municipal,
Alexis Basquiat et B.-C. Basquiat, commissaires, Dartigoeyte, procureur
syndic.

MM. Castets, B.-C. Basquiat et Dulau, secrétaire adjoint du district, sont délégués, munis des pleins pouvoirs pour l'exécution de l'arrêté du Directoire du 14 décembre 1791, portant que le Collège national, provisoirement fixé à Aire, sera transféré à Saint-Sever dans la Maison des ci-devant Jacobins et ils devront se transporter à Aire pour prendre possession des meubles, effets et aussi pour faire appel aux maîtres et aux élèves. Un arrêté du 21 décembre 1791 désigne d'une manière définitive la Maison des Dominicains de Saint-Sever pour y établir le Collège national.

Le Principal du Collège, M. Guyard, les professeurs chargés des différents cours, MM. Bertrand, Magniez, Ré, Morau, étaient déjà arrivés ; ils n'eurent des élèves qu'au commencement de l'année 1792.

La ville d'Aire protesta énergiquement contre l'arrêté du 14 décembre ; différentes influences furent mises en jeu et déjà le 21 avril 1792, le conseil de Saint-Sever demandait le maintien de l'Ecole nationale. Le maire écrivait directement à l'évêque d'Aire relativement aux projets de loi de l'instruction publique présentés à l'Assemblée nationale et au sujet de l'établissement définitif des Collèges nationaux.

Le Collège national fut maintenu à Saint-Sever, il eut peu d'élèves pendant les années suivantes.

Ainsi à 200 ans distance, dit M. Joseph Légé, dans son ouvrage sur *les diocèses d'Aire et de Dax,* page 143, la ville de Saint-Sever reprenait le Collège qu'elle lui avait enlevé en 1571, pour ne le rendre qu'en l'année 1594 sur arrêt du parlement de Bordeaux.

Rien d'important n'est à signaler pendant la courte durée du Collège national ; les professeurs étaient invités à prononcer des discours à l'occasion des fêtes nationales des 14 juillet, 10 août, 21 janvier. M. Légé a recueilli, pages 245 et 319, les harangues prononcées en 1792 et en 1793 par les citoyens Pierre Dartigoeyte, Chaumont, Bertrand, devant le peuple assemblé de Mont-Adour (nom qui fut officiellement donné à cette époque à la ville de Saint-Sever.)

La loi du 3 Brumaire an IV (octobre 1795) vint enfin régler l'enseignement public en France ; il faut croire que des rivalités eurent lieu à ce moment entre St-Sever et le chef-lieu du département des Landes. Ce fut grâce à l'initiative et à l'activité de Laffite, de Batbedat, de Dartigoeyte et du Député Basquiat que l'Ecole centrale fut établie à St-Sever ; on leur reprocha cependant d'avoir *dormi* et de n'avoir pas fait davantage, car ils auraient pu obtenir, pour une ville alors plus importante que Mont-de-Marsan, le siège de la Préfecture et des Directions des autres administrations départementales.

Le 1er Messidor de l'an IV de la République Française, le citoyen Larreyre, Commissaire du département des Landes, assisté des citoyens Tortigue, président de la commission municipale de St-Sever, Lespez, Labbat, Laffite, Dussault, administrateurs, des citoyens Gaye, commissaire du Directoire et B. Arthaud, secrétaire, installe le personnel de l'Ecole centrale à l'ancien couvent des Jacobins. Les professeurs nommés étaient les citoyens Messier, Moreau, Maigné, Duplantier, Lubet-Barbon, Lannelongue, le Docteur Dufour et A. Basquiat ; quelque temps après, le 2 Germinal an V, le Ca. Bertrand, ancien professeur, était maintenu comme professeur d'histoire et de géographie.

Dans cette séance solennelle d'inauguration, Larreyre prononça un discours sur le but des Ecoles centrales ; Dufau, président du Jury, lut un mémoire sur l'instruction publique et les nouveaux programmes ; A. Basquiat parla des sciences physiques et naturelles et de leur utilité. Il n'existe à St-Sever aucune pièce, aucun document relatif aux cours professés à l'Ecole centrale et au nombre des élèves qui suivaient ces cours. On ne trouve que les renseignements suivants : le 1er nivose an IV (décembre 1795), le Ca Lannelongue est nommé conservateur de la bibliothèque de l'ancien couvent des Bénédictins ; on raconte que plus tard, sous la Restauration, les livres de cette bibliothèque furent envoyés à l'évêché d'Aire et au grand séminaire ; que des pièces importantes des archives de la Mairie furent livrées à la Préfecture de Mont-de-Marsan. Le 25 prairial an V (juin 1796), Pierre Antoine Dubalen, fils de Dubalen, ancien administrateur du département des Landes, mort en 1793, et Jean-Baptiste Depeau sont présentés comme élèves (boursiers nationaux) à l'Ecole centrale ; le 15 frimaire an VI, Antonin Saillard fut aussi nommé boursier.

Le 10 messidor an V, (juin 1796), l'administration municipale de Saint-Sever arrête relativement à la célébration des anniversaires du 14 juillet, 10 août et 21 janvier, que les professeurs de l'Ecole centrale seront invités à se conformer à l'instruction ministérielle qui leur prescrit de prononcer à chaque fête nationale des discours sur les sciences, les arts, la morale et les vertus sociales.

Le 21 messidor an VI (juin 1797), l'administration municipale est invitée à remettre au citoyen Maniez, principal du pensionnat de l'Ecole centrale, les effets mobiliers qui se trouvent dans les magasins de la commune.

Cette loi du 3 Brumaire an IV avait réglé l'enseignement public en France de la manière suivante :

Trois degrés étaient établis pour l'instruction :

1° Les écoles primaires (enseignement primaire).

2° Les écoles centrales (enseignement secondaire).

3° Les écoles spéciales (enseignement supérieur).

Le titre II de la loi porte : Une école centrale sera organisée dans chaque département de la République Française ; l'enseignement y sera divisé en trois sections.

Il y aura : Dans la première section, un professeur de dessin, un professeur d'histoire naturelle, un professeur de langues anciennes, un professeur de langues vivantes.

Dans la deuxième section, un professeur de mathématiques et un professeur de physique et de chimie.

Dans la troisième section, un professeur de grammaire générale, un professeur de belles-lettres, un professeur d'histoire et un professeur de législation.

Les élèves ne seront admis : 1° aux cours de la première section, qu'après l'âge de 12 ans et munis du certificat d'études primaires ; 2° aux cours de la deuxième section, qu'à l'âge de 14 ans et après examen de passage ; 3° aux cours de la troisième section, qu'à 16 ans, après examen.

Il y aura auprès de chaque école centrale une bibliothèque publique, un jardin botanique, un cabinet d'histoire naturelle et un laboratoire pour la chimie et la physique expérimentales.

Les professeurs des Ecoles centrales seront élus par un jury départemental.

Une des dispositions du titre V, relative aux encouragements, accordait à vingt élèves, dans chacune des écoles centrales et des écoles spéciales, des pensions (bourses nationales), dont le maximum devait être déterminé par le Corps législatif et les sujets devaient être nommés par le gouvernement, sur la présentation des professeurs et des administrations départementales.

Cette loi n'avait pas été préparée sans de longues discussions.

Avant la Révolution Française, l'instruction publique était soumise aux autorités ecclésiastiques et aux Parlements. Les gens de noblesse, quand ils le voulaient, et les prêtres pouvaient seuls acquérir une instruction supérieure ; les autres, c'est-à-dire ceux du peuple, apprenaient peu ou n'apprenaient rien ; ils arrivaient lentement selon les circonstances ; quelques-uns d'entre eux avaient su se créer une situation marquée dans les métiers et dans le commerce ; plusieurs, reconnus intelligents, destinés d'abord à recruter les rangs du clergé, avaient pu fréquenter les écoles et collèges et plus tard avaient réussi dans les professions dites libérales. Les Etats généraux de 1789 amenèrent de tels hommes comme députés du Tiers-Etat ; après la séparation des Trois-Ordres, ces députés comprirent bientôt que les premiers soins des hommes de la Révolution étaient de reconstituer l'enseignement public.

Mirabeau, Talleyrand, Romme, Condorcet proposèrent des projets et publièrent des mémoires plus théoriques que pratiques.

La loi des 3 et 4 septembre 1791 organisait l'instruction élémentaire, commune à tous les citoyens, gratuite pour les parties indispensables à tous les hommes.

De longs débats eurent lieu devant la Convention en novembre 1792, au sujet du rapport de Lanthenas ; la discussion fut ouverte de nouveau sur la proposition de Lakanal qui prépara le décret du 21 octobre 1793 et la loi du 17 novembre 1794.

Danton avait dit : Après le pain, le premier besoin du peuple est l'instruction. Nul n'est le maître de ne pas donner l'instruction à ses enfants ; il est temps d'établir ce grand principe que les enfants appartiennent d'abord à la République, ensuite à leurs parents. Le Pelletier St-Fargeau voulait l'obligation, Ducos avait déjà demandé la laïcité, Lakanal ajoutait : Une bonne loi sur l'instruction publique doit terminer la Révolution dans la République Française et en commencer une dans l'esprit humain.

Les écoles centrales ont duré trop peu de temps pour que l'on ait pu porter un jugement certain sur les élèves qu'elles ont formés. Il est incontestable que des hommes, préparés par un enseignement plus solide que celui des anciens collèges, pouvaient mieux résister aux préjugés des uns et à l'exagération révolutionnaire des autres. Assurément le mode d'éducation qui y était donné aurait eu une influence heureuse sur les générations futures, quand les préventions contre ces écoles aurait diminué. Malheureusement des administrateurs pris dans un parti politique et remplaçant d'autres administrateurs d'un parti opposé se croyaient obligés de remplacer des professeurs qu'ils n'avaient pas nommés et qu'ils considéraient comme des ennemis ; d'un autre côté les passions avaient quelquefois dirigé des choix malheureux, aussi la confiance n'exista pas toujours entre les parents et les maîtres.

Le 11 floréal an X (avril 1801), l'école centrale des Landes fut supprimée. Le citoyen Magniez, principal et professeur de grammaire générale, avait donné sa démission. Le Conseil municipal de St-Sever est ému le 1er frimaire au XI par la nouvelle que le gouvernement va créer un collège à Dax. Une correspondance eut lieu entre M. Ch. Basquiat, Maire, M. le Sénateur Dizez et M. le Préfet Duplantier relativement à cette création ; M. le Maire demande qu'on accorde satisfaction à St-Sever.

Le 17 ventôse an XI (mars 1802), le Conseil municipal de St-Sever formule le projet suivant pour l'organisation d'une école secondaire.

Article 1. L'école secondaire de St-Sever dont l'ouverture est fixée au 1er germinal prochain, sera composée d'un directeur et de trois professeurs.

Article 2. M. Armand Castandets est nommé Directeur et, pendant son absence, M. Jourdan en fera provisoirement les fonctions.

Article 3. Le directeur provisoire s'est adjoint MM. Dupouy, Douat et Lalaude.

Article 4. Ils enseigneront les langues latine et française, la géographie, l'histoire et les mathématiques.

Un arrêté du 25 germinal an XI autorise cette organisation dans le bâtiment autrefois occupé par l'école centrale et le gouvernement accorde une subvention de 2000 francs.

M. A. Castandets était né à St-Sever le 2 août 1757, il était entré dans les ordres et avait acquis un renom de science ; pendant la Révolution, il s'était retiré volontairement en Espagne, d'où il fut rappelé pour prendre la direction de l'école secondaire de St-Sever.

Dans un rapport du citoyen Capdeville sur le budget de l'école, le traitement du Directeur est porté à 600 fr. et celui des professeurs à 400 fr. ; tous les fonctionnaires avaient les avantages de l'internat.

Le 29 frimaire an XII, M. l'abbé Lalaude est chargé de la partie économique. L'établissement comptait 40 pensionnaires et plusieurs demi-pensionnaires. Dans une note à M. le Sous-Préfet, M. le Maire fait l'éloge

de M. Castandets très partisan des institutions républicaines et il ajou‹
« que les citoyens Jourdan et Douat ne devraient s'occuper que de le‹
» état de professeur et ne pas dérober à l'instruction publique une par‹
» de leur temps pour le donner soit à la chaire, soit aux fonctio‹
» ecclésiastiques. » Le citoyen Cubisol, ancien religieux, est nomm‹
professeur de français ; le citoyen Dupouy enseignait les mathématique‹
et, vu le nombre des élèves, la nécessité d'un second professeur d‹
sciences se fait sentir.

Une lettre du sous-préfet Castets, ancien professeur à Bayonne (ma‹
1804), indique les nombreux succès obtenus par les élèves du Collège.

Le 28 août 1806, le Directeur, M. Castandets, invite M. Coudroy, mair‹
à assister aux exercices publics.

Le 1er juillet 1807, M. Armand Castandets se retire et le burea‹
d'administration présente comme directeur M. l'abbé Jourdan. Le décr‹
du 17 Mars 1808 transformait les écoles secondaires en Collèg‹
communaux.

Une ère de prospérité commença ; le nombre des élèves atteignit l‹
chiffre de 130 dont 80 à 90 pensionnaires et 40 à 50 externes ; le‹
professeurs étaient MM. Lafitte, Hontang, l'abbé Céris, l'abbé Souri‹
Laurentie.

Pierre Sébastien Laurentie, était né le 21 janvier 1793 au Houga (Gers‹
il fut envoyé par ses parents au Collège de Saint-Sever. L'intelligenc‹
vive, le caractère ferme et résolu de l'enfant frappèrent l'abbé Jourdan‹
D'élève, Laurentie devint professeur à Saint-Sever où il enseign‹
successivement en sixième, en quatrième, en rhétorique. Il fut appel‹
en 1817 au Collège Stanislas à Paris et devint l'année suivante professeu‹
de littérature à l'Ecole polytechnique ; en 1822 il fut nommé Inspecteu‹
général de l'Université. Il devint plus tard journaliste attaché à l‹
Quotidienne et fonda le journal l'Union, qui est toujours resté l'organ‹
du parti légitimiste.

Plusieurs délibérations du Conseil Municipal en dates du 12 Mai 1808‹
3 Mai 1810, 4 Novembre 1811, 8 Mai 1812, relatives à des réparations‹
faire au Collège, prouvent que le nombre des élèves allait toujours e‹
augmentant. Le 12 Juin 1814, M. le Directeur Jourdan a dû refuser de‹
pensionnaires, il demande la construction d'un nouveau dortoir. « Il es‹
» d'un intérêt majeur, dit le rapporteur au Conseil Municipal, de protége‹
» un établissement qui se recommande par sa bonne tenue, par l‹

» morale qu'on y professe, par les soins assidus qu'on porte aux jeunes
» gens pour leur instruction. »

En 1817 M. Jourdan fut nommé Recteur de l'académie de Pau par son
ancien élève et ami M. Lainé, ministre de l'Intérieur et Président du
Conseil de l'Instruction publique. M. le professeur Lafitte remplaça
M. Jourdan comme Principal au Collège de Saint-Sever, il ne resta que
trois ou quatre années, il devint précepteur à Paris et fut plus tard
nommé juge au Tribunal civil de Mont-de-Marsan.

Par une délibération en date du 12 juillet 1818, le Conseil Municipal
approuve une réclamation de M. Jourdan pour réparations, constructions,
achat de mobilier. « Considérant que le principal M. Jourdan a fait des
» avances pour l'établissement de Saint-Sever qui a acquis une grande
» importance, le Conseil reconnaît la dette de 11,125 fr. 20 et porte sur
» le budget de la présente année une première somme de 1,200 francs. »
Le 2 Avril 1819, M. Basquiat réclame à son tour la propriété d'un terrain
dont il avait fait don en 1795 à l'école centrale pour l'établissement
d'un jardin botanique. La donation ayant été conditionnelle, le Conseil
donne droit à cette réclamation.

L'abbé Hontang avait été nommé Principal après le départ de M. Lafitte ;
il garda la direction du Collège jusqu'en 1838. Peu de renseignements
ont été laissés pendant cette période de 1820 à 1839 ; parmi les
professeurs qui furent nommés à Saint-Sever, on trouve le nom d'Armand
Marrast qui y enseigna la Rhétorique de 1821 à 1823. Marrast passa au
Collège de Pontlevoy, fut appelé ensuite à Paris par le Général Lamarque,
devint journaliste, plus tard après la mort d'Armand Carrel, Directeur
politique du *National*, Maire de Paris en 1848 et Président de l'Assemblée
Constituante.

Depuis 1823, la prospérité du Collège ne se maintenait pas. Cela résulte
des délibérations du 5 Mai 1825 : « Le Conseil, considérant que la ville
a le plus grand intérêt à soutenir le Collège et qu'on ne doit rien
négliger pour accroître sa prospérité, augmente le traitement de MM.
les Professeurs de manière à pouvoir leur procurer une existence
honorable et à les attacher à l'établissement ». Du 7 Mai 1826 : « Le
Collège mérite toute la sollicitude de l'administration. MM. les Régents
donnent toutes les garanties désirables ». Du 6 Mai 1827 : « Un professeur
enseignera le soir le dessin linéaire aux jeunes ouvriers ». Du 31 août
1828 : « Des réparations seront faites aux bâtiments occupés par le
Collège. »

Dès 1825, le Conseil Royal de l'Université avait accordé sur les fonds du Ministère le traitement de la chaire de philosophie occupée par M. l'abbé Dussault, qui devint plus tard supérieur du grand séminaire, vicaire général et curé archiprêtre de St-Sever. Les autres professeurs étaient MM. Talaczac, Bourriot, l'abbé Dauga, Ledoux, M. Moumiet qui est resté professeur à St-Sever de 1820 à 1841, et qui a vu passer tant de générations d'élèves. On peut noter parmi ces derniers, le général Castelnau, M. Duclerc, ancien ministre après 1848 et actuellement, en 1882, Président du Conseil des Ministres, le général Labadie et le général Durrieu.

Des difficultés s'étaient élevées en 1832. Le Conseil dans sa séance du 10 novembre 1832, déclare « que le Collège communal est l'ornement de la cité et a été l'une de ses propriétés les plus productives, que l'une des causes qui paraissent compromettre le succès de l'établissement est l'obstination du Recteur de l'académie, qui ne veut pas faire dans le personnel les changements demandés par le Principal. » Dans une délibération du 19 Juillet 1833, le Conseil déclare que l'instruction donnée par l'école des Frères est insuffisante, qu'une lacune existe entre cette école et le collège et qu'une classe d'enseignement primaire mutuel sera créée au collège. »

Dans sa séance du 8 Février 1835, le Conseil constate que la prospérité du collège est en souffrance, que le Principal n'est pas écouté par ses chefs, que le Recteur de l'académie paraît animé de peu de bienveillance pour St-Sever. « La décadence du collège, dit le Rapporteur, serait un malheur immense, elle détruirait un foyer de consommation, un revenu annuel et les habitants sont menacés de perdre l'inappréciable avantage de faire élever leurs enfants sous leurs yeux. »

Le 8 octobre 1836, le Conseil prend la résolution suivante :

« Considérant que la conservation du Collège de St-Sever est un
« objet digne de toute sa sollicitude et auquel la ville doit les sacrifices
« nécessaires et possibles ;

» Considérant qu'il résulte de l'examen fait par la commission des
» comptes qu'il y a déficit dans les recettes annuelles de l'établissement
» comparées à ses dépenses ;

» Considérant que M. le Principal a déclaré ne pas pouvoir supporter
» ces pertes et qu'il quittera immédiatement la direction de la maison, si
» la ville n'accepte pas les conditions suivantes :

» 1° Le Principal restera chargé du matériel et de l'internat à son
» compte.

» 2° Le traitement des Professeurs sera payé et garanti par la ville
» savoir :

1000 fr. pour le professeur de sciences.		
1000	—	— de rhétorique.
1000	—	— de seconde.
900	—	— de troisième.
900	—	— de quatrième.
800	—	— de cinquième.
800	—	— de sixième.
700	—	— de 7° et 8°.

» 3° Tous les élèves internes payeront 6 fr. par mois pour les frais
» d'études et cette somme sera en recette pour la ville.

» Considérant que tout onéreuses que sont pour la ville de pareilles
» conditions, elle doit les accepter comme le seul moyen de préserver
» le Collège d'une désorganisation et d'une chute immédiates.

» Considérant que la situation actuelle n'est autre chose que la
» diminution graduelle du nombre des élèves, diminution qui ne
» s'arrête pas,

» Le Conseil accepte les propositions ci-dessus énoncées et nomme
» une commission de surveillance qui sera composée de M. le Maire
» et de MM. Castandets, Morlan, Lespez, Dubedout.

La nouvelle loi sur l'Instruction publique contenait la disposition
suivante : « Un Collège Royal sera établi dans chacun des départements. »
Le Conseil municipal de Saint-Sever s'empressa de faire valoir auprès
du gouvernement les motifs qui devaient le décider à choisir Saint-Sever
pour siège de cet établissement, de préférence aux autres villes du
département des Landes. Le Conseil, dans sa délibération du 13 mai 1837,
expose à M. le Ministre de l'Instruction publique :

« Que la ville de Saint-Sever était célèbre et renommée dans la
» contrée par l'enseignement classique qu'y donnèrent à la jeunesse
» deux maisons religieuses, les Dominicains et les Bénédictins de
» St-Maur. Continuant cette tradition séculaire, la Révolution s'empressa
» d'établir à Saint-Sever un Collège national. Lors de la création des
» Ecoles centrales, dans lesquelles l'enseignement secondaire prit un
» si grand développement, notre ville obtint une préférence méritée.

» Considérant que l'Ecole centrale de Saint-Sever fut transformée, lors
» de la création des Lycées, en école secondaire, puis en Collège
» communal, que ce dernier a continué à rendre au pays de véritables
» services. Considérant que le local présente les meilleures conditions
» d'exposition, d'architecture, de distribution et de développement.

» Le Conseil demande la création à Saint-Sever d'un Collège Royal et
» décide que la copie de la présente délibération sera adressée au
» Ministre, au Recteur et au député Général Durrieu.

La proposition ne fut pas acceptée par le Ministère.

Le nombre des élèves allait toujours en diminuant ; le 12 mars 1838,
M. Basquiat examine devant le Conseil les causes qui ont amené la
décadence du Collège, réduit à 40 ou 50 élèves. Le Conseil décide de
demander à Mgr l'Evêque d'Aire de prendre le Collège sous son
patronage, d'y placer les professeurs qu'il voudra lui-même choisir et
de désigner un directeur en remplacement de M. l'abbé Hontang,
décidé à se retirer.

En effet, le 22 juillet 1838, ce dernier est nommé professeur au Lycée
de Pau, il quitte Saint-Sever, réclamant la somme de 8,778 fr. qu'il a
avancée pour réparations et aménagements intérieurs.

Les négociations avec Aire ne purent pas aboutir ou bien, comme on
l'a cru à cette époque, elles ne furent pas même entamées ; la
réclamation du Conseil avait été dictée par le refus d'un Collège Royal
et semblait être une menace : dès le mois d'août, M. le Maire de Saint-
Sever insiste auprès de M. le Recteur de Pau, pour la nomination d'un
nouveau Principal et le 11 septembre 1838, M. l'abbé Dhours, professeur
d'histoire à Dax, est nommé à Saint-Sever.

Le nombre des élèves pendant l'année scolaire 1838-1839 s'élevait
à 34 dont 14 pensionnaires.

Sur la proposition du nouveau Principal, des mesures urgentes furent
prises relativement au mobilier et aux approvisionnements, car le
Collège devait être dirigé au compte de la ville.

Les professeurs qui aidèrent M. Dhours dans cette œuvre de
relèvement étaient MM. Lafont, Moumiet, Dagnan, Péris, d'Assonville,
Abadie, Goussebayle, H. Dhours.

Le 1er juin 1839, M. le Recteur invite la commune de Saint-Sever à
élever le traitement des fonctionnaires du Collège au taux fixé par
l'ordonnance du 29 janvier 1839. Après une longue discussion, le
Conseil de la commune fixe de la manière suivante le budget du Collège :

1° Traitement du principal			2,000 fr.
—	de l'aumônier		1,000
—	du professeur de philosophie.		1,200
—	—	de rhétorique	1,200
—	—	de sciences	1,000
—	—	de seconde	1,000
—	—	de troisième	1,000
—	—	de quatrième	900
—	—	de cinquième	900
—	—	de sixième	900
—	—	de septième	900
—	—	de huitième	700
—	—	de langues vivantes	400
—	—	des maîtres	800
2° Traitement pour la nourriture et entretien			9,000
—	pour les gens de service		850
—	pour les prix		200
—	pour le matériel et autres frais		200
	Dépense totale		24,150 fr.

Les recettes s'élevaient à 16,160 fr. en y comprenant la subvention de l'Etat ; la dépense de la ville était par suite de 7,990 francs au lieu des 3,000 francs déjà votés.

En 1840, le nombre des élèves était de 50 dont 30 pensionnaires. M. Gaüzère, rapporteur de la commission des finances, demande au Conseil le vote des mêmes subventions et garanties :

» Le Collège, dit-il, est nécessaire pour la classe aisée, qui trouve » dans cet établissement la faculté de donner une bonne éducation à ses » enfants, pour la classe ouvrière qui puise dans les dépenses faites » pour les besoins des élèves le moyen d'alimenter son industrie. » Au mois de Septembre 1842, M. l'abbé Dhours fut nommé Proviseur du Lycée de Laval, il devint plus tard évêque de Soissons ; il avait été remplacé à Saint-Sever par M. l'Abbé Vellay.

La situation du Collège n'était guère meilleure ; le 13 Mai 1843, M. le Principal obtient l'autorisation d'annexer à l'établissement une école primaire supérieure, M. Courtade fut choisi comme directeur.

Il est assez intéressant de lire la délibération du 28 Septembre 1844 par laquelle le Conseil autorise le Principal à admettre des élèves pensionnaires au-dessous du prix fixé ; la concurrence des établissements voisins était devenue considérable ; on marchandait le prix d'une pension et des études comme le prix d'une denrée. Trois nouveaux établissements d'enseignement secondaire à Mont-de-Marsan, à Dax, à Aire, existaient dans le Département des Landes.

Le 11 Avril 1846, la ville de Saint-Sever demande pour le Collège une subvention de 2,400 fr. ; à cette époque la part de la ville dans les dépenses était de 5,400 francs. On avait cherché à faire quelques économies ; souvent les classes supérieures n'existaient pas ou étaient réunies à cause du petit nombre des élèves. La délibération du Conseil, en date du 25 Juin 1847, porte :

» Considérant que depuis plusieurs années une lutte très-vive s'est » engagée entre les établissements universitaires et le Clergé, que cette » rivalité s'est ravivée par les débats auxquels a donné lieu la question » de la liberté de l'enseignement ;

» Considérant que le Clergé cherche par tous les moyens possibles » d'influence dont il dispose à attirer les élèves dans les Maisons » d'éducation qu'il dirige et que, fidèle à cet esprit dont il est partout » animé, le Clergé du diocèse d'Aire n'accorde sa sympathie qu'au » Collège établi dans cette dernière ville ;

» Considérant que le Directeur du Collège de Saint-Sever, Collège » rangé dans la classe des établissements universitaires, loin de pouvoir » espérer l'appui des prêtres de l'arrondissement dans les démarches » qu'ils auraient à faire pour la prospérité de l'établissement qui lui » serait confié, devra surmonter les obstacles qu'ils lui susciteront et que, » s'il était prêtre lui-même, il devrait négliger les intérêts du Collège ou, » s'il les défendait avec zèle, abandonner l'esprit de corps pour se » mettre en opposition avec les autres prêtres ses pairs ou ses » supérieurs ;

» Considérant que, par ce motif, il convient de choisir pour Principal » du Collège de Saint-Sever un laïque qui peut d'ailleurs présenter les » mêmes garanties de moralité qu'un ecclésiastique et qu'aucune » considération ne peut empêcher de consacrer tous ses soins au succès » de l'établissement ;

» Considérant de plus qu'il est nécessaire de séparer dans un Collège » la direction économique de la direction intellectuelle et morale ;

» Pour ces motifs, le Conseil demande à M. le Ministre la nomination » d'un Principal laïque, vote une somme de 500 fr. pour le traitement

» d'un Économe et fixe le budget des dépenses du Collège à la sommé
» de 12,950 francs. »

Au mois d'octobre suivant, M. Lafont, professeur de rhétorique du
Collège de Saint-Sever, fut chargé du principalat. La situation ne s'amé-
liorait pas ; en 1848, on compte cependant 86 élèves. Les professeurs étaient
MM. Dagnan, Reboult, Perrès, Berrut, Haulong, Drague et Abadie. Le
15 octobre 1848, M. Lafont est remplacé par M. Payrau, qui venait
d'Orthez ; les professeurs étaient les mêmes ; M. Dagnan était devenu
économe, MM. Batut, l'abbé Lugat et Jaganneau, de la Réole, furent
nommés à Saint-Sever.

Le nombre des élèves était devenu moins grand : la municipalité de
Saint-Sever s'agite inutilement au sujet du Collège, elle est obligée de
soutenir un procès contre l'abbé Vellay qui réclamait une somme de
8,000 francs pour réparations aux bâtiments et acquisition de matériel ; elle
est condamnée à payer 3,600 francs.

Les évènements politiques de 1851 eurent leur contre-coup au Collège de
Saint-Sever ; déjà en 1849, M. Drague, professeur de 3e, avait été tracassé
pour avoir pris part à un banquet et une demande de déplacement avait
été formulée par le Bureau d'administration. Le 7 décembre 1851,
M. Jaganneau, qui avait remplacé M. Drague, fut suspendu de ses fonctions
par simple arrêté préfectoral et il fut révoqué six jours après. Ce
fonctionnaire instruit, sérieux, estimé de ses élèves et de ses collègues,
avait eu le courage d'affirmer, au dehors du Collège, ses opinions
républicaines.

Le 9 juillet 1852, le Conseil municipal propose une série de réformes
pour le Collège ; il demande que le Principal soit pris parmi les
ecclésiastiques et désigne au Ministre l'abbé Lugat en remplacement de
M. Payrau qui sollicite sa mise à la retraite.

Le 6 août 1852, le Conseil, qui avait essayé de résister, vote pour cinq
années, conformément à l'article 74 de la loi du 15 mars 1850, le traitement
du principal et des professeurs. Le 22 septembre 1852, M. Poujade,
principal du Collège de Pézenas, est nommé à Saint-Sever. Une délibération
du bureau d'administration, en date du 13 février 1853, constate que
l'ancien principal a laissé le collège dans un triste état. On doit croire que
les raisons de la décadence ne tenaient pas seulement à la présence de tel
ou tel principal et à la bonne ou mauvaise volonté de l'administration
académique ; il faut surtout en trouver les causes dans la création d'établis-

sements nouveaux d'enseignement secondaire dans le département des Landes et dans les départements voisins.

Au commencement du siècle, en 1803, il n'y avait dans toute la région du Sud-Ouest qu'un seul Lycée, à Pau. Le Lycée d'Auch ne fut fondé qu'en 1830, celui de Tarbes en 1843 ; le Lycée de Mont-de-Marsan a été organisé en 1866 et celui de Bayonne en 1879. Les Séminaires étaient rares, aussi les élèves affluaient à Saint-Sever sous la direction de l'abbé Castandets et de l'abbé Jourdan ; les Basques et les enfants de l'Armagnac qui voulaient se soustraire au service militaire venaient nombreux ; obligés de se soustraire à la loi, ils portaient la soutanelle, plusieurs logeaient en ville dans des maisons particulières.

Il aurait été facile à ce moment — et surtout en 1816 et en 1818, époques pendant lesquelles Saint-Sever, possédant 5816 habitants, était la ville la plus importante du département, — il aurait été facile à l'administration municipale surtout avec l'influence de M. Lainé, ministre de l'intérieur, d'obtenir la transformation de l'Ecole secondaire ou du Collège communal en Collège Royal. En 1794, les habitants de Saint-Sever ne surent pas obtenir le siège de la Préfecture ; en 1817 et plus tard encore dans une autre circonstance, ils négligèrent de demander le Collège Royal ou le Lycée. Les influences ne manquèrent pas à la ville. En 1792, MM. Balbedat, Dartigoeyte, Basquiat pouvaient tout pour Saint-Sever ; plus tard le général Lamarque, le général Durrieu, le baron sénateur Leroy auraient pu beaucoup obtenir.

En Mai 1853, le Collège possédait 26 pensionnaires et 20 externes ; en mars 1854, le nombre des élèves n'avait pas augmenté. Une délibération du bureau d'administration du mois de Mai 1855 indique que les recettes totales s'élevaient à 16,581 francs et les dépenses à 20,690 francs, la ville payait les différences ; le conseil municipal constatait que le budget était insuffisant, qu'il ne pouvait pas augmenter le traitement des professeurs et demandait secours au ministre de l'Instruction publique.

Plusieurs professeurs, mécontents et froissés dans leur dignité, MM. Peris, Haulong, Berrut, Courtade, Virenque, Bures et Batut avaient quitté le Collège.

Chaque année de nouvelles subventions étaient demandées ; le bureau d'administration évalue le 24 Juillet 1855, pour l'année scolaire qui va commencer, que la subvention de la ville ne doit pas être inférieure à 10,000 francs ; la commission des finances, après avis de M. l'Inspecteur d'académie, demande au conseil municipal de faire tous les sacrifices possibles pour un établissement de plein exercice et qui a eu tant d'éléments de prospérité. Après en avoir délibéré, le conseil décide que la régie par la ville ne sera pas continuée et, mettant le Collège au compte du Principal nommé par le Ministre, accorde une subvention fixe et invariable de 7,000 francs, applicable à tous les besoins. Le conseil décide encore que l'économe remettra le service au principal M. Poujade et qu'un inventaire de tout le matériel du Collège sera dressé.

Pendant l'année scolaire 1855-1856, on compte 31 pensionnaires et 24 externes ; en 1856-1857 restaient au Collège 26 pensionnaires et 23 externes.

Le Conseil municipal déclare, le 14 février 1857 que le Collège n'a pas été maintenu de plein exercice, que le Principal n'a pas tenu ses engagements, que même en l'absence d'élèves pour la rhétorique et pour la seconde, un professeur aurait dû être nommé. « Il vaut mieux, dit le rapporteur, que le professeur attende les élèves, que d'avoir des élèves attendant la nomination des professeurs : d'un autre côté les pères de famille sachant que leurs enfants ne peuvent pas terminer leurs études dans l'établissement, les envoyent dans un autre Collège. »

Le 19 Mai 1857, M. le Maire invite le Principal à demander la nomination d'un professeur de rhéthorique, d'un professeur de seconde et d'un second professeur de sciences.

Le 27 Mai 1857, le conseil rejetant la demande de l'Inspecteur d'académie refuse de prendre pour 5 ans l'engagement d'une subvention annuelle de 7000 francs.

Le 30 août 1858, il n'y avait pas d'élèves en rhétorique, en seconde et même en troisième ; le traitement des professeurs de mathématiques était supprimé et la subvention votée n'est que de 3600 francs.

La situation du collège va toujours en déclinant ; le conseil refuse une seconde fois de voter l'engagement quinquennal et il réclamme le changement du principal M. Poujade.

Le 22 Décembre 1858, l'administration académique propose de transférer à St-Sever l'école normale primaire d'instituteurs déjà établie à Dax. Le Conseil refuse et veut garder les bâtiments pour un établissement d'instruction secondaire.

Le 29 Janvier 1859, M. Alvin, licencié ès-lettres, régent de seconde au Collège d'Auxerre, est nommé Principal au Collège de St-Sever en remplacement de M. Poujade mis en disponibilité. La situation était déplorable ; 6 internes et 8 externes étaient restés.

Par une délibération en date du 13 février 1859 et, après avoir reçu communication des démarches faites par M. le Maire, le Conseil, « Considérant qu'après une expérience si longue et si infructueuse, il n'est » plus permis de persévérer dans la voie des sacrifices suivie jusqu'à ce » jour, est d'avis de concéder a Mgr l'évêque d'Aire les bâtiments actuels » affectés au Collège, à la condition d'y établir une école secondaire » privée. »

La combinaison proposée ne pût pas réussir. Le 26 Mars 1850, M. le Préfet des Landes avait annulé la délibération du conseil municipal relative à la cession du Collège à Mgr l'évêque d'Aire.

La ville de Saint-Sever appuyait son droit de propriété, en 1859 comme en 1838 :

1° Sur le décret du 21 germinal an XI ; 2° sur l'article 2 du décret du 9 avril 1811, concédant aux communes la pleine propriété des édifices et bâtiments nationaux occupés pour le service de l'Instruction publique.

DÉCRET DU 25 GERMINAL, AN XI.

« Le gouvernement de la République ;
» Vus la loi du 11 floréal an X et les arrêtés du 4 messidor suivant et du 30 frimaire, an XI.
» Sur le rapport du Ministre de l'Intérieur,

» ARRÊTE :

» Article 1. — La commune de Saint-Sever, département des Landes, » est autorisée à établir une école secondaire dans le bâtiment de l'Ecole » centrale qui lui est concédé à cet effet, à la charge par la dite commune » de remplir les conditions prescrites par l'arrêté du 30 frimaire, an XI.

» Article 2. — Le Ministre de l'Intérieur est chargé de l'exécution du » présent arrêté, qui sera inséré au *Bulletin des Lois.*

DÉCRET DU 9 AVRIL 1811. (*Bulletin des Lois,* n° 267).

« Article 1. — Nous concédons gratuitement aux départements, aux » arrondissements, aux communes, la pleine propriété des édifices et » bâtiments nationaux, actuellement occupés pour le service de l'adminis- » tration des cours et tribunaux et de l'Instruction publique.

» Article 2. — La remise sera faite aux Préfets, aux Sous-Préfets, aux » Maires, pour les établissements qui les concernent.

Le 16 Mai 1859, le Conseil renouvelle sa proposition.

« Considérant que depuis plus de vingt ans, la situation du Collège n'a
» cessé d'être l'objet de ses préoccupations ;

» Considérant que la création d'un lycée dans une ville voisine va offrir
» aux pères de famille toutes les conditions désirables d'un enseignement
» complet et sera même de nature à suffire amplement aux besoins de
» Saint-Sever ;

» Considérant que le Ministre a refusé une subvention meilleure à une
» ville qui a fait tant de sacrifices pour le maintien du Collège ;

» Le Conseil refuse l'engagement pour cinq ans et demande à M. le
» Ministre l'autorisation de mettre l'établissement sous la direction de
» Mgr l'Evêque d'Aire.

M. le Recteur de l'Académie rappelle à M. le Maire de Saint-Sever, la
circulaire de M. le Ministre Salvandy, en date du 7 septembre 1838, il
affirme que les bâtiments du Collège sont la propriété de l'Etat, et que la
commune de Saint-Sever n'a pas le droit d'en disposer.

Le 1er juillet 1859, M. le Ministre de l'Instruction publique fait savoir
que les bâtiments du Collège de Saint-Sever sont compris dans l'attribution
générale faite à l'Université par le décret du 11 novembre 1808.

M. le Baron sénateur Leroy, préfet de la Seine-Inférieure, avait
maintenu devant M. le Ministre les prétentions de la ville de Saint-Sever
et la question allait être posée devant le Conseil Impérial de l'Instruction
publique, Mgr Hiraboure, évêque d'Aire, mourut par suite d'accident,
le 12 août 1859 et l'on ne parla plus de la cession des bâtiments.

En 1860, on comptait au Collège, 20 pensionnaires et 25 externes ; en
1861, 9 pensionnaires et 15 externes étaient restés. Dans une délibération
du Conseil municipal, en date du 20 novembre 1860, on lit : « Un Collège
» de moyen exercice est la seule combinaison possible ; les classes
» supérieures sont désertes depuis de longues années. L'administration du
» Collège, par le Principal, a occasionné des conflits déplorables ; le Conseil
» décide de prendre le Collège au compte de la ville. »

Le 6 novembre 1860, le Conseil avait déjà voté l'engagement pour cinq
ans ; le 27 mai 1861, le rapporteur de la commission des finances reconnaît
que la réduction définitive de l'enseignement à la classe de quatrième
aurait pour résultat inévitable la décadence et la chute du Collège, que les
pères de famille se garderaient bien d'envoyer leurs enfants dans un
établissement qui ne serait qu'une école élémentaire. Le Conseil, revenant
sur la décision du 20 novembre 1860, reconnaît qu'il importe de laisser
encore la régie au Principal et règle le budget de la manière suivante :

	Subvention de l'Etat	2,000 fr.
RECETTES	Rétribution collègiale	1,255
	Subvention de la ville	4,945
		8,200 fr.

Les 12 internes payeront une capitation de 45 fr. et les 16 externes 60 fr. pour frais d'études ; parmi ces externes se trouvaient des boursiers.

	Principal chargé de la 4ᵉ	2,000 fr.
	Professeur de 5ᵉ.	1,200
	Professeur de 6ᵉ.	1,000
DÉPENSES, TRAITEMENTS	Professeur de 7ᵉ et 8ᵉ	1,000
	Professeur de la classe primaire . .	600
	Professeur de sc. et de l'école prof.	1,200
	Aumônier	600
	Maîtres d'études	600
		8,200 fr.

Il est probable que les autres dépenses d'entretien, de matériel, de distribution des prix étaient à la charge du Principal.

Ces détails sont intéressants ; ils nous montrent quelle situation précaire était faite aux professeurs des Collèges communaux. Après 1808, les fonctionnaires de l'Université étaient presque tous célibataires : ils vivaient à l'intérieur, ils étaient logés, éclairés, chauffés lorsqu'il y avait du bois ; ils prenaient part à la table commune et avaient même une bibliothèque à leur disposition ; ils étaient à cette époque relativement heureux et sans soucis avec leur minime traitement de 500 ou 600 francs. Cela se passe encore ainsi dans les établissements ecclésiastiques ; aussi la dépense pour le personnel y est peu considérable et les prix de l'internat pour les élèves y sont peu élevés.

Plus tard vinrent les difficultés ; les professeurs ne pouvaient pas rester isolés comme les moines dans leurs couvents ou les prêtres dans leurs séminaires ; ils devaient prendre part à la vie de famille. Les villes étaient limitées dans leur budget, elles tenaient cependant à leur Collège et les appointements des professeurs étaient souvent insuffisants. Saint-Sever avait tout essayé, ses démarches n'avaient pas été toujours heureuses ; une plus grande déception devait l'atteindre plus tard.

Le 7 septembre 1861, M. Youssouf, principal du Collège d'Oran, était nommé principal à Saint-Sever chargé de la classe de quatrième ; il trouvait au Collège douze pensionnaires et seize externes. La situation ne devint guère meilleure, malgré le zèle et la bonne volonté des professeurs qui étaient venus successivement à Saint-Sever : MM. Couaratze, Goussebayle, Reboul, Cazenave, Tachoire, Paris, Perès fils, Dagnan fils, Texcier, Bagelet, Cayre, Lartigue, Huber, Duffour, Delor, Vadère, Cambonie, Ducasse.

Le 27 septembre 1864, M. Minié est nommé principal en remplacement de M. Youssouf, il ne fut pas installé. M. Youssouf avait refusé le Collège d'Uzès et était réintégré à Saint-Sever. Le nombre de pensionnaires varia pendant quelques années entre seize et vingt, celui des externes entre vingt et trente. Cet état dura jusqu'en 1867 ; à cette époque, M. Duruy, ministre de l'instruction publique et président du Conseil général des Landes, vint à Saint-Sever ; des propositions furent faites et le Collège semblait devoir prendre une forme nouvelle et retrouver la prospérité des premiers jours.

LE COLLÈGE DE 1867 A 1883

Biarritz est devenu un centre d'attraction, Napoléon III et sa cour avaient adopté depuis peu de temps cette station balnéaire ; les courtisans viennent en foule et traversent ce département des Landes si longtemps abandonné, tellement inconnu que l'un d'eux pouvait dire à son Empereur : « Vous avez encore annexé celui-là. »

Chacun veut faire des essais sur cette nouvelle terre. M. le Ministre de l'Instruction publique, devenu président du Conseil général des Landes, s'occupait déjà des établissements d'instruction secondaire du département et le Lycée de Mont-de-Marsan venait d'être installé.

Non seulement le monde universitaire, mais aussi bien des pères de famille s'étaient intéressés à cette création d'un Lycée par région, réservé à l'enseignement spécial ; là, les méthodes, « d'autres méthodes » devaient être meilleures ; les programmes pouvaient être complètement suivis ; depuis les cours préparatoires jusqu'à la quatrième année, les élèves étaient dirigés vers un but déterminé.

« Vous recommanderez aux professeurs de ne jamais mettre en oubli
» qu'il ne s'agit point, dans l'école spéciale, de préparer comme au
» lycée classique, des hommes qui fassent des plus hautes spéculations
» de la science ou des lettres leur étude habituelle, mais des industriels,
» des négociants, des agriculteurs dont beaucoup d'ailleurs, étendant
» par l'expérience de la vie cette instruction en apparence plus étroite,
» sauront rejoindre ceux qui auront cherché par leur esprit un déve-
» loppement plus large dans des études plus désintéressées. »
Instruction du Ministre de l'Instruction publique aux Recteurs, relative au plan d'études et aux programmes de l'enseignement secondaire spécial (6 avril 1866).

M. le Proviseur du Lycée de Mont-de-Marsan comprit immédiatement qu'une concurrence sérieuse pourrait s'établir à St-Sever dans le vieux monastère, si, malheureusement pour Mont-de-Marsan, le collège de St-Sever tombait entre les mains du clergé ou d'une congrégation puissante.

M. Duruy vint lui-même à Saint-Sever le 28 septembre 1867 et fit des propositions à M. le Maire au sujet du Collège. Le Conseil municipal, appelé à délibérer, prit le 30 septembre la résolution suivante :

« Considérant que, dans la visite qu'il a daigné faire au collège de » St-Sever le 28 septembre 1867, M. le Ministre de l'Instruction publique » a exprimé la pensée que le meilleur moyen de rendre à cet établis- » sement son ancienne prospérité, et en même temps de lui faire » produire les résultats utiles qu'on était en droit d'en attendre, serait » de le constituer en succursale du Lycée de Mont-de-Marsan, qui se » trouve déjà insuffisant pour satisfaire aux nombreuses demandes qui » lui sont adressées de tous les points de la France.

» Considérant que, d'après ce plan, on conserverait au Collège de Saint- » Sever les classes de latinité jusqu'à la 4e inclusivement, qu'on y joindrait » l'enseignement élémentaire et une partie de l'enseignement spécial et » que cet établissement serait appelé à recevoir les élèves du Lycée qui » devraient suivre les classes ou les cours qui viennent d'être indiqués.

» Considérant que, dans ces conditions et à la charge par la ville de » Saint-Sever de faire les dépenses d'appropriation nécessaires jusqu'à » concurrence d'une somme de 50,000 fr, Son Excellence a bien voulu » ajouter qu'elle prendrait à l'avenir l'enseignement à sa charge, ainsi » que la fourniture du matériel classique et scientifique.

» Considérant.........

» Le Conseil municipal, à l'unanimité, donne son entière adhésion au » plan proposé par son Excellence le Ministre de l'Instruction publique » qui a pour objet de constituer le collège de Saint-Sever en succursale » du Lycée de Mont-de-Marsan, de conserver dans ce Collège les classes » de latinité jusqu'à la quatrième inclusivement, d'y établir l'enseigne- » ment élémentaire et la première année de l'enseignement spécial, » enfin d'y appeler les élèves du Lycée qui devraient suivre ces classes » et ces cours.

» Pour la réalisation de ce plan, le Conseil municipal prend » l'engagement de faire des dépenses d'appropriation nécessaires » jusqu'à concurrence de la somme de cinquante mille francs.

» Cet engagement est contracté et cette adhésion est donnée sur l'offre » que M. le Ministre a bien voulu faire, de son côté, de prendre à » l'avenir l'enseignement à sa charge, ainsi que la fourniture du » mobilier classique et scientifique.

» Le Conseil prie M. le Préfet de vouloir bien transmettre, en

» l'appuyant d'un avis favorable, la présente délibération à son
» Excellence M. le Ministre de l'Instruction publique, afin d'obtenir son
» approbation et la régularisation de la situation. »

Des votes de remerciement furent adressés par le Conseil muuicipal
à M. le Ministre et en même temps à M. le Baron Leroy, sénateur, et à
M. de Guilloutet, Député, qui avaient préparé cette œuvre.

Le 20 Octobre 1867, le Conseil de Saint-Sever vote l'emprunt de
50,000 francs destiné à l'appropriation du Collège. M. le Maire
communique au Conseil municipal la copie d'une dépêche adressée le
12 octobre courant à M. le Préfet des Landes par M. le Ministre de
l'Instruction publique, en réponse à la délibération' par laquelle le
Conseil municipal a donné son approbation au projet de transformation
du Collège en succursale du Lycée de Mont-de-Marsan. M. le Ministre
précise dans cette dépêche les dépenses qui doivent incomber à l'avenir
à la ville et à l'Etat. Son excellence rappelle en premier lieu, que l'Etat
ne prendra à sa charge les frais du personnel et du matériel scientifique
que lorsque les travaux projetés auront été exécutés et acceptés par
les délégués de l'administration de l'Instruction publique et que, jusque
là, les cours ayant été ouverts le 11 octobre courant, les dépenses du
Collège devront être supportées par la ville, comme par le passé. M. le
Ministre ajoute ensuite que celle-ci devra faire face, même après la
transformation de l'établissement, à toutes les dépenses de réparations
et d'entretiens des bâtiments et du matériel usuel.

Le Conseil accepte les conditions posées par M. le Ministre dans la
dépêche précitée.

Pendant l'année scolaire 1867-1868, les travaux d'appropriation
furent accomplis par l'architecte, M. Ozanne, sous la surveillance de
M. Dupin, adjoint de la ville de St-Sever.

M. le Proviseur du Lycée de Mont-de-Marsan tenait alors à bien
organiser et à bien aménager la succursale, il donnait un état détaillé
du mobilier nécessaire dont la dépense devait s'élever à 34,044 francs.

Des observations et des réclamations furent faites par le Conseil
municipal de St-Sever, elles sont consignées dans les délibérations des
25 novembre 1867, 8 décembre 1867, 14 février, 17 mai, 21 juin, 18
novembre 1868. La dépense totale fut de 92,200 francs pour les bâtiments
et 35,884 francs pour le matériel; la ville eut à payer pour sa part
65,000 francs pour les bâtiments et 18,144 francs pour le mobilier;
la différence, 48,000 francs, fut soldée sur les fonds du ministère.

L'inauguration du petit Lycée eut lieu le 28 septembre 1868 : M. le ministre Duruy, M. le recteur Zévort, M. le préfet des Landes, M. le maire de Saint-Sever, X. de Laborde, MM. les sénateurs, députés, plusieurs membres du Conseil général des Landes et du Conseil municipal de Saint-Sever assistèrent au banquet. M. le Ministre promit beaucoup, M. le Proviseur du Lycée de Mont-de-Marsan approuvait toujours et voulait même davantage pour le petit Lycée de Saint-Sever. On remarqua que M. le Recteur de Bordeaux n'avait pas la même confiance.

L'ancien principal, M. Youssouf, qui était resté jusqu'au 1er octobre 1868, fut remplacé par M. Meyran, sous-directeur de l'Ecole normale de Cluny.

MM. Cambonie, Vastel, Anduse, Béahan, Bireaud, Genestés de Chérac furent nommés ou maintenus professeurs au petit Lycée.

La rentrée des classes fut satisfaisante ; 85 élèves étaient inscrits dont 80 pensionnaires : l'Etat avait envoyé vingt boursiers.

M. Meyran comprit bientôt les difficultés qui allaient se présenter ; le Lycée de Mont-de-Marsan conservait les classes élémentaires et de grammaire ; il n'était pas facile au directeur de Saint-Sever de lutter contre l'influence du Proviseur.

Dès la fin de l'année scolaire, M. Meyran demandait sa mise à la retraite et il était remplacé par M. Serbos.

Du mois d'octobre 1869 au 7 août 1875, la situation du Collège alla en déclinant ; le Lycée de Mont-de-Marsan prenait à Saint-Sever et ne lui donnait rien. Voir délibération du 7 octobre 1873.

On comptait en 1870 — 50 pensionnaires et 40 externes. Total : 90 élèves

en 1871 — 33	—	35 —	— 68 —
en 1872 — 17	—	24 —	— 43 —
en 1873 — 13	—	23 —	— 36 —
en 1874 — 5	—	17 —	— 22 —
en 1875 — 0	—	23 —	— 23 —

L'enseignement était donné par MM. Serbos, Cambonie, Roche, Roucaud, Ducasse, Kowski et Mousson Lestang.

Les protestations du Conseil municipal de St-Sever furent énergiques.

La discussion est ouverte, dans la séance du 23 avril 1872, sur la situation déplorable dans laquelle se trouve le petit Lycée par suite de l'inexécution du traité intervenu en 1867 entre l'Etat et la ville. Après diverses observations présentées par plusieurs de ses membres, le

Conseil, à l'unanimité, prend la délibération suivante :

« Considérant que, lors de la visite qu'il fit au Collège de Saint-Sever le
» 28 septembre 1867, M. le Ministre de l'Instruction publique conçut le
» projet de transformer cet établissement en succursale du Lycée de
» Mont-de-Marsan.

» Considérant qu'en proposant à la ville de Saint-Sever de consentir à
» cette transformation, M. le Ministre lui offrait de conserver les classes
» de latinité jusqu'à la 4ᵉ inclusivement, d'y joindre l'enseignement
» élémentaire et une partie de l'enseignement spécial, enfin d'appeler
» cet établissement à recevoir tous les élèves inscrits au grand et au
» petit Lycée devant suivre ces classes ou ces cours.

» Considérant qu'en échange de ces obligations qui devaient être mises
» à la charge de l'Etat, M. le Ministre demanda que la ville s'engageât à
» faire procéder aux travaux d'appropriation nécessaires.

» Considérant que le projet du ministre bien compris et bien exécuté
» devait être fécond en heureux résultats, qu'en effet, en assurant au
» Collège de Saint-Sever une prospérité croissante, il devait nécessaire-
» ment créer et entretenir une pépinière dont les jeunes sujets devaient
» de plus en plus fournir à l'alimentation des classes supérieures du
» Lycée de Mont-de-Marsan.

» Considérant que la ville de Saint-Sever n'hésita point à consentir à
» la transformation proposée et à faire les sacrifices qui lui étaient
» demandés.

» Considérant que la ville de Saint-Sever dût dès lors compter et
» qu'elle a le droit de compter sur la complète réalisation de promesses
» faites.

» Considérant effectivement que, dès le principe, sous l'impulsion
» active du ministre et malgré des hésitations et des difficultés qu'on
» pouvait alors considérer comme inséparables de toute organisation
» nouvelle, l'avenir parut devoir répondre à l'attente, mais qu'il faut bien
» le dire avec un profond regret, des influences contraires ne tardèrent
» pas à se faire sentir et que bientôt le plan du ministre cessa d'être
» complètement exécuté.

» Considérant en effet qu'au lieu de devenir le petit Collège du Lycée
» de Mont-de-Marsan, appelé à posséder seul les enfants qui voudraient
» en suivre les premiers cours, le Collège de Saint-Sever ne fut bientôt
» appelé qu'à verser ses propres élèves dans celui de Mont-de-Marsan,
» sans rien recevoir de celui-ci.

» Considérant que dans ces conditions et dans le cercle restreint
» dans lequel il aurait été circonscrit, un recrutement sérieux et
» efficace deviendrait impossible pour le Collège de Saint-Sever, (dans
» une ville qui compte à peine trois mille habitants agglomérés); que
» le Collège se trouverait fatalement candamné à la ruine; que ce
» résultat serait d'autant plus inévitable que chaque année et
» aujourd'hui plus que jamais on ne cesse de faire courir le bruit de
» sa fermeture prochaine.

» Considérant que s'il devait en être ainsi, le traité fait avec le
» ministre n'aurait été qu'un leurre pour la ville de Saint-Sever qui
» se serait vainement imposé les charges les plus lourdes et n'aurait
» servi qu'à consommer le sacrifice de l'ancien Collège de Saint-Sever
» au profit du Lycée de Mont-de-Marsan.

» Considérant qu'on ne saurait demeurer plus longtemps dans une
» telle situation et qu'il est du devoir du Conseil d'appeler sur cet état de
» choses toute l'attention du ministre actuel de l'Instruction publique
» qui ne voudra certainement pas laisser protester les engagements
» de son prédécesseur. »

Pour ces motifs,

Le Conseil municipal de Saint-Sever expose respectueusement à M.
le Ministre la situation désastreuse dans laquelle se trouve placé son
Collège, la situation non moins désastreuse qui lui est fait à elle-même ;
il appelle toute sa sollicitude sur une question dont la solution ne
saurait subir le plus petit retard ; il le supplie instamment de vouloir
bien prendre les mesures nécessaires pour la complète exécution du
traité, ou telles autres qui d'accord avec la ville, pourraient donner
satisfaction à celle-ci.

La rentrée des classes au mois d'octobre 1872 avait laissé beaucoup
à désirer, des démarches furent faites pour donner à l'établissement une
destination plus avantageuse. Le Conseil municipal est informé le 14
novembre 1872 qu'un projet de loi a été déposé sur le bureau de
l'Assemblée Nationale à l'effet de demander un crédit de 300,000 francs,
destiné en partie à l'acquisition par l'Etat des bâtiments du Collège de
Saint-Sever, en partie aux frais de transport à Saint-Sever de
l'établissement des sourdes muettes actuellement fixé à Bordeaux.

Cette question amena une longue correspondance entre la
municipalité de Saint-Sever et MM. le Baron Leroy, de Gavardie et
Pascal Duprat qui défendaient les intérêts de la ville.

La combinaison du transport de l'établissement de sourdes muettes n'ayant pas pu réussir, quelques-uns, parmi le Conséil municipal, proposèrent encore une fois de mettre le Collège sous la direction de l'évêque diocésain, en rompant définitivement les conventions établies avec l'Etat, mais alors se présenta une discussion au sujet de la propriété du bâtiment et des engagements pris. Comme en 1859, la ville de Saint-Sever veut établir son droit en s'appuyant sur le décret du 21 germinal, an XI. Comme en 1859, M. le Recteur rappelle les différents arrêtés ministériels et démontre que les bâtiments du Collège de Saint-Sever sont compris dans l'attribution générale faite à l'Université par le décret de 1808.

Le nombre des élèves du Collège allait toujours en diminuant. M. Liès Bodard, Inspecteur de l'Académie de Bordeaux, écrit le 13 octobre 1873, au nom de M. le Recteur, à M. le Maire de Saint-Sever, la lettre suivante : « Monsieur le Maire, j'ai l'honneur de vous informer » que je suis chargé par M. le Ministre de réorganiser le Collège de » Saint-Sever qui ne doit plus recevoir que des externes. Le nombre » des internes présentés pour la présente année scolaire ne devant pas » dépasser deux ou trois, M. le Ministre a pensé qu'il y aurait lieu dans » un but d'économie de supprimer l'internat et les dépenses » considérables qu'il entraîne. J'ai tout lieu de croire qu'un internat » comprenant encore un personnel de professeurs instruits permettra » de donner aux enfants l'enseignement secondaire, soit classique, » soit spécial, et rendra à la ville de Saint-Sever des services réels. » Agréez.... Pour le Recteur en congé, l'Inspecteur délégué.

A la suite de cette lecture et, après discussion, le Conseil prend la délibération suivante :

« Le Conseil municipal ne saurait taire l'impression pénible que la » lecture de cette dépêche lui a causée. En effet, M. le Ministre ne peut » ignorer les faits qui se sont passés en 1867 et au besoin M. le Recteur » de l'Académie de Bordeaux qui en fut personnellement témoin pourrait » le renseigner à ce sujet et certainement il voudrait bien le faire.

» Considérant....

» Le Conseil proteste énergiquement contre toute modification à l'état » de choses établi en 1867 et il maintient de la manière la plus expresse » tous les droits de la ville de Saint-Sever, tant qu'il ne sera pas » intervenu un accord au sujet du bâtiment et de l'indemnité. »

On s'adressa alors à M. de Gavardie qui expliqua la situation à M. le

Ministre de l'instruction publique. « Dans la pensée de M. Batbie, écrit
» M. de Gavardie dans sa lettre du 9 novembre 1873, la mesure est
» provisoire en attendant l'étude d'une autre solution. »

Le ministre refusa l'indemnité, et M. Zévort, recteur de l'Académie de
Bordeaux, adressa à M. le Maire de Saint-Sever la lettre suivante, datée
du 20 novembre 1873.

» M. le Ministre de l'instruction publique m'a adressé la réclamation
» du Conseil municipal de Saint-Sever. Je ne puis qu'attribuer à un
» malentendu la vive émotion causée à l'administration municipale par
» la suppression de l'internat du Collège de Saint-Sever. Le Collège
» reste toujours succursale du Lycée de Mont-de-Marsan et il ne sera
» peut-être pas impossible d'y établir, dans un avenir prochain, un
» nouvel établissement d'instruction publique.

» Ce n'est que dans le cas peu probable où le Collège serait définitive-
» ment abandonné par l'Université qu'il pourrait être question de
» dédommager la ville.

» La suppression de l'internat n'est pas le fait de l'administration
» universitaire; l'internat s'est supprimé lui-même malgré tous les
» efforts que j'ai faits pendant 4 ans pour le maintenir, malgré les
» sacrifices énormes que l'Etat s'est imposés. L'administration supérieure
» ne saurait être responsable d'un fait regrettable sans doute mais
» qu'elle a été la première à déplorer. L'administration est disposée à
» maintenir jusqu'à nouvelles conventions avec la ville l'organisation
» scolaire telle qu'elle avait été établie à l'origine. Tous les cours seront
» conservés de manière à ce que les familles continuent de trouver au
» Collège toutes les ressources d'instruction sur lesquelles elles ont dû
» compter. »

Une nouvelle proposition était faite; on pensait à une école normale
d'institutrices qui pourrait recevoir les élèves du département et ceux
des départements voisins. Le Conseil municipal avait réservé son
opinion au sujet de cette proposition, d'ailleurs la combinaison n'avait
pas grande chance de succès, car les conseils généraux des départements voisins ne votèrent pas les subventions et les bourses pour une
école normale d'institutrices à établir à Saint-Sever.

De 1873 à 1875, la situation du Collège de Saint-Sever alla toujours en
déclinant. Les protestations du Conseil municipal avaient été inutiles;
abandonné à lui-même, le Collège ne pouvait pas vivre malgré la
subvention de l'Etat. L'administration académique résolut une nouvelle

tentative. Les lettres de M. l'inspecteur Lucas et de M. le Maire de
Saint-Sever méritent d'être reproduites. Le 11 août 1875, M. le Maire
donne au Conseil communication de la lettre suivante :

« Mont-de-Marsan, le 6 août 1875.

» MONSIEUR LE MAIRE,

» Après avoir bien examiné la situation, j'ai reconnu que ce *mourant*
» pouvait vivre encore à la faveur de nouvelles conditions d'existence,
» et qu'il devait vivre dans le plus cher intérêt d'une intelligente et
» religieuse population et d'une cité qui a fait tant de sacrifices pour
» approprier dignement cet antique et beau monastère.

» J'ai reconnu que le *florissant* Lycée de Mont-de-Marsan dont les
» murs ont peine à contenir l'exubérente population scolaire a tout
» intérêt à conserver sa *succursale.*

» Le changement opéré dans la direction et dans le personnel ne
» suffiraient pas à la reconstitution du Collège. Il importe qu'il ne soit
» pas assujetti à n'être que la *succursale aléatoire* et jusqu'ici *illusoire*
» du Lycée de Mont-de-Marsan. Aussi le plan présenté, tout en le main-
» tenant comme annexe, lui permet d'accepter tous les élèves qui se
» présentent, d'avoir selon le nombre des inscriptions tous *les maîtres*
» *jugés nécessaires* et tout l'avenir qui peut lui être réservé. Cette partie
» spéciale de notre programme qui donne à votre collège toute latitude
» pour se développer graduellement et sans entrave attend encore
» l'approbation de M. le Ministre et appelle le plus énergique concours
» du Conseil municipal. Il est essentiel de faire remarquer que les
» nouvelles dépenses exigées par cette réorganisation et par l'accrois-
» sement du personnel scolaire seraient pour l'Etat relativement moins
» onéreuses que la situation actuelle. Au reste tout est prêt pour le
» rétablissement de l'internat qui peut être si facilement reconstitué par
» l'envoi de boursiers que Mont-de-Marsan ne pourrait pas loger et
» auxquels l'Etat joindrait uncertain nombre d'autres boursiers qui lui
» sont instamment demandés. Du moins dans l'hypothèse qne tout vienne
» à manquer de ces deux côtés, le nouveau Directeur ne pourrait-il pas
» être autorisé à prendre des pensionnaires à son compte et à refaire
» à ses frais l'internat au moyen d'un arrangement facile à conclure ?
» Dans tous les cas, M. le Maire, ce qui importe extrêmement c'est
» qu'en dehors des internes que Mont-deMarsan pourra envoyer, les
» élèves qui ont commencé ou commenceront leurs études à Saint-Sever
» puissent les y poursuivre et les y terminer.

» Telle est dans son ensemble notre plan de réorganisation ; vous
» savez, M. le Maire, quel puissant secours l'adoption de ce plan
» recevrait de la solution donnée à l'importante question d'un chemin
» de fer passant par Saint-Sever et mettant cette ville aux portes du
» chef-lieu des Landes. Vous comprenez aussi combien il est essentiel
» que le Conseil municipal intervienne directement près de M. le Ministre
» de l'Instruction publique pour la plus prompte et la plus complète
» adoption d'un plan que les familles ont tant d'intérêt à connaître le
» plus tôt possible. J'ose donc croire, M. le Maire, que vous voudrez
» bien avec votre Conseil adresser au plus vite au ministère une
» pressante demande et appuyer énergiquement mes propositions.
» Puissions-nous être assez heureux pour réaliser les vœux les plus
» chers d'une *intelligente et pieuse contrée* et pour relever ou du moins
» ranimer un Collège, qui a eu, je le sais, un noble et glorieux passé ?

M. le Maire informe le Conseil que M. l'abbé Laferrère, professeur au
Lycée de Mont-de-Marsan, est nommé principal du Collège de Saint-
Sever en remplacement de M. Serbos, directeur, appelé à d'autres
fonctions, et il donne lecture du projet de la lettre suivante :

« A M. le Ministre de l'Instruction publique. Le Conseil municipal
» vient d'être informé que par décision du 7 août, M. l'abbé Laferrère
» est nommé principal du Collège de Saint-Sever. Nous ne pouvons que
» vous remercier, M. le Ministre, d'avoir appelé à la direction de notre
» établissement scolaire cet intelligent et digne ecclésiastique. Car nous
» avons le ferme espoir qu'il parviendra, Dieu aidant, à relever cet
» établissement et à rendre une vie nouvelle à un collège autrefois si
» prospère.

» Mais si nous nous réjouissons de voir arriver M. l'abbé Laferrère
» parmi nous, il est de notre devoir de vous demander respectueusement
» quelques explications sur le titre qui lui est donné dans l'arrêté de
» nomination.

» Le titre de principal du Collège de Saint-Sever signifie-t-il sim-
» plement que le nouveau titulaire de ces fonctions aura une liberté
» d'action plus grande et qui pourra s'exercer au grand bénéfice de
» notre maison en dehors du contrôle et de l'autorisation préalable de
» M. le le Proviseur du Lycée de Mont-de-Marsan? S'il en est ainsi, nous
» sommes convaincus, M. le Ministre, que c'est là une bonne et heureuse
» modification.

» Mais si par hasard, le remplacement du titre de Directeur par celui
» de Principal, et le changement de désignation de Lycée annexe en
» celui de Collège voulait signifier que l'administration universitaire se
» considère comme libérée entièrement ou en partie des engagements
» contractés par elle vis-à-vis de nous, relativement au payement des
» fonctionnaires et en général de tous les frais occasionnés par le
» fonctionnement de l'institution ; dans ces conditions, Monsieur le
» Ministre, la situation ne nous paraîtrait pas acceptable.

» Vous comprendrez sans peine qu'après les énormes sacrifices que
» la ville a faits pour avoir un Lycée, nous désirerions vivement être
» édifiés sur ce fait important.

» Jusqu'à indication du contraire, nous restons convaincus que la
» première hypothèse est la seule vraie, comme elle est, du reste, la
» seule acceptable.

» Permettez-moi, Monsieur le Ministre, de venir au nom du Conseil
» municipal de la ville de Saint-Sever, solliciter de votre bienveillance
» et comme complément de la nomination du nouveau Principal,
» l'acceptation du plan de réorganisation de notre établissement que
» nous savons vous avoir été présenté soit par M. l'inspecteur
» d'Académie, soit par M. le Recteur

» La reconstitution de l'internat serait facile à opérer par l'envoi à
» Saint-Sever des boursiers que le Lycée de Mont-Marsan, déjà presque
» fâcheusement encombré, ne pourrait pas loger et quelques autres
» que votre administration pourrait nous accorder. Ce serait là un
» noyau qui, nous l'espérons, ne pourrait que s'accroître surtout
» aujourd'hui que l'on a repris confiance en la vitalité de notre Collège
» et que l'on est persuadé que l'Université est décidée à tenter de
» nouveaux efforts pour ne pas laisser inoccupé un aussi bel établisse-
» ment.

» Les nouvelles dépenses occasionnées par la réorganisation projetée
» et pour l'accroissement du personnel seront relativement moins
» onéreuses pour l'Etat que l'attristante situation actuelle.

» La reconstitution de l'internat pourrait être encore aidée, ainsi
» que cela vous a été demandé, si vous vouliez bien décider que notre
» Collège tout en étant maintenu comme annexe et à ce titre entièrement
» aux frais de l'université, serait cependant autre chose à l'avenir que
» la *succursale aléatoire et jusqu'ici illusoire* du Lycée de Mont-de-
» Marsan.

» Il importe que notre établissement puisse accepter tous les élèves
» qui se présenteront et qu'il soit muni de tous les maîtres et professeurs
» que les inscriptions qui y seront reçues rendront nécessaires ; de cette
» façon, l'internat pourrait être refait et réorganisé soit par l'Etat, soit
» par le nouveau Principal qui, au moyen d'un arrangement facile à
» conclure, pourrait prendre des pensionnaires à sa charge et à son
» compte.

» Ce sont là, Monsieur le Ministre, tout autant de questions sur
» lesquelles le Conseil municipal de Saint-Sever se permet d'appeler
» votre bienveillante attention. Pour donner lui-même une nouvelle
» marque de sympathie à un établissement qui a autrefois et pendant
» de bien longues années embelli notre ville, il a décidé pour la
» prochaine rentrée des classes la fondation de quelques bourses
» d'externes en faveur d'enfants appartenant à des familles peu aisées.

» Notre population elle-même qui s'est portée en foule ces jours
» derniers à la distribution des prix, a voulu témoigner par là combien
» elle désire voir réorganiser et renaître à une vie nouvelle notre
» établissement d'instruction.

» Daignez agréer, etc.

» *Le Maire :* Louis SENTEX. »

Le Conseil, après avoir délibéré, approuva.

A partir de cette époque, l'administration supérieure paraît vouloir
favoriser le Collège. M. le Principal pût obtenir des professeurs pour
les classes supérieures à la 4ᵉ ; l'Etat envoya quelques boursiers ; cet
exemple encouragea les familles qui envoyèrent des élèves.

En 1875-1876, on compta 37 pension. et 30 externes. Total : 67 élèves.

1876-1877,	—	56	—	23	—	—	79	—
1877-1878,	—	64	—	30	—	—	94	—
1878-1879,	—	52	—	28	—	—	80	—
1877-1880,	—	45	—	26	—	—	71	—
1880-1881,	—	30	—	27	—	—	57	—

Les professeurs étaient pendant cette période, MM. Gervais, Bonneront,
Sudre, Tridon, Payerne, Peignié, Jabœuf, Garaig, Cavé, Clavé, Roucau.

Depuis 1877, une vive opposition se faisait déjà sentir de la part du
Lycée de Mont-de-Marsan ; les professeurs déplacés n'étaient pas
immédiatement remplacés ; le Principal était obligé de confier les cours
à de jeunes maîtres et cependant le succès accompagnait les élèves du
Collège jusqu'aux examens du baccalauréat. L'Etat n'envoyait plus le

même nombre de boursiers, on disait tout haut que les boursiers étaient retenus au grand Lycée; l'administration supérieure n'accordait rien pour le matériel scientifique ; les causes de la décadence paraissent les mêmes en 1879 et en 1800.

Il faut ajouter que l'enseignement spécial qui ne devait être établi que dans certains établissements, un par région, s'organisait dans tous les Lycées de France et dans tous les Collèges communaux et libres ; le recrutement pour Mont-de-Marsan devenait difficile. Ce lycée qui ne devait être et qui n'était d'abord qu'une école d'enseignement secondaire spécial absorbait déjà à son tour les élèves de l'enseignement classique et se constituait successivement comme tout autre Lycée de 4ᵉ catégorie, avec cette différence qu'il coûtait beaucoup à l'Etat à cause du petit nombre des élèves des classes supérieures et du nombreux personnel nécessaire pour les deux enseignements.

Un an après, un nouveau Lycée était créé à Bayonne, il retenait immédiatement les élèves espagnols qui venaient autrefois dans les établissements secondaires du département des Landes.

Le Lycée de Mont-de-Marsan se défendait, il ne pouvait plus rien pour sa succursale.

Depuis deux ans, M. l'abbé Laferrère, mécontent, demandait à se retirer. Au mois de septembre 1881, les classes supérieures de latinité et de l'enseignement spécial sont supprimées par l'administration centrale ; le bruit est partout répandu que le Collège de Saint-Sever sera fermé.

Le 19 octobre 1881, M. l'abbé Laferrère est mis à la retraite, il laisse au Collège 4 pensionnaires, 2 demi-pensionnaires et 14 externes.

Restent attachés à l'établissement comme professeurs : M. Liscoat (sciences), M. Degració (langues vivantes), M. Lafont (grammaire), M. Ferrère (grammaire), M. Meyranx (classes élémentaires), M. Clavé (enseignement spécial), M. Bernatets (classes préparatoire et primaire).

Le 20 octobre 1881, M. Xambeu, officier de l'Instruction publique, ancien membre du Conseil académique de Poitiers, est installé comme principal par M. l'Inspecteur d'Académie.

Le nouveau Directeur comprit les difficultés d'une situation qui était pénible pour tous et qui ne pouvait pas être modifiée; il demanda immédiatement son changement, et le 1ᵉʳ octobre 1883, il était appelé à un autre poste.

NOTE 1.

Élèves présents.

Avant 1789. — 40 ou 50 élèves suivaient comme externes et gratuitement les cours d'humanités et de Rhétorique professés chez les Bénédictins et le cours de Philosophie professé par les Dominicains.

En 1791. — 50 à 60 élèves suivaient les cours du Collège national.

En 1795. — École centrale ; le nombre des élèves alla, dit-on, jusqu'à cent ?

1803 à 1807. — Le nombre varia de 50 à 80 à l'École secondaire.

1807 à 1827. — Le nombre augmenta jusqu'à 130 dont plus de cent pensionnaires.

ANNÉE SCOLAIRE	NOMBRE DES PENSIONNAIRES	NOMBRE DES EXTERNES	TOTAL
1827	60	25	85
1830	80	30	110
1834	30	25	55
1837	—	—	60
1838	—	—	32
1839	14	20	34
1840	30	24	54
1847	46	28	74
1848	40	25	65
1840	54	32	86
1852-1853	27	24	51
1853-1854	25	23	48
1854-1855	26	25	51
1855-1856	31	28	59
1856-1857	24	22	46
1857-1858	16	19	35
1858-1859	6	20	26
1859-1860	12	23	35
1860-1861	15	18	33
1861-1862	10	28	38
1862-1863	12	20	32
1863-1864	16	25	41
1864-1865	14	26	40
1865-1866	16	25	41
1866-1867	16	21	37
1867	Année de réparation		
1868-1869	51	30	81
1869-1870	53	32	85
1870-1871	30	29	59
1871-1872	17	24	41
1872-1873	13	22	35
1873-1874	5	16	21
1874-1875	0	28	28
1875-1876	37	30	67
1876-1877	56	23	79
1877-1878	64	30	94
1878-1879	52	30	82
1879-1880	48	30	78
1880-1881	32	28	60
1881-1882	6	20	26
1882-1883	10	32	42

NOTE 2.

Principaux ou Directeurs et fonctionnaires du Collège de Saint-Sever

DATES	DÉSIGNATION	PRINCIPAUX OU DIRECTEURS	PROFESSEURS
		MM.	MM.
20 déc. 1791	Collège national	Guyard.	Bertrand, Magniez, Ré, Moreau.
1er Mes. an IV	Ecole centrale	A. Basquiat.	Messier, Moreau, Maigné, Duplantier, Dr Dufour, Bertrand, Lubet Barbon, Lannelongue.
Mars 1802	Ecole secondaire	A. Castaudets.	Lalaude, Cubisol, Jourdan, Douat, Dupouy.
1er juillet 1087	Collège communal	L'abbé Jourdan.	Laffite, l'abbé Céris, l'abbé Souvis, Laurentie, Hongtang.
Octobre 1817	»	Laffite.	Armand Marrast.
Mars 1822	»	L'Abbé Hongtang	L'Abbé Du Sault, l'abbé Daugat, Moumiet, Talaczac, Ledoux, Bourriot, Peyre, Vaisson, Saboulard, Darracq.
22 juillet 1838	»	L'abbé Dours.	Laffont, Dagnan, Lacoste, Abadie, Péris, Dassonville, H. Dours.
9 sept. 1842	»	L'abbé Vellay.	Goussebayle, Berrut.
Octobre 1847	»	Laffont.	Drague, Reboul, l'abbé Lugat, Bures.
15 octob. 1848	»	Payrau.	Virenque, Jaganneau, Batut, Haulong.
22 sept. 1852	»	Poujade.	Couaraze, Casenave, Tachoire, Paris, Dagnan fils, Pérés fils, Texier.
22 janv. 1859	»	Alvin.	
7 sept. 1861	»	Youssouf.	
1er oct. 1868	Petit Lycée	Meyran.	Cambonie, Vastel, Anduze, Béahan. Genestés de Cheyrac, Bireau.
7 août 1869	»	Serbos.	Roucaud, Peyris, Rocher, Ducasse, Strowski, Aymé, Mousson Lestang, Poussard, l'abbé Duprat, Tridon, Jaboeuf, Fulcrand, Barbier, Peignier, Tarissan, Garaig, Piot, Sudre, Bonnoront, Cavé, Gervais, Payerne, Casedepatx.
11 août 1875	Collège annexe Succurs. du lycée de Mt-de-Marsan	L'abbé Laferrère	
20 oct. 1881	»	Xambeu.	Liscoat, Lafont, Dégracié, Clavé, Ferrère, Meyranx, Bernatets, Garrigues, Clavié, Bourdil, Jacquel.

NOTE 3.

Maires de la ville de St-Sever-sur-Adour, depuis le mois d'avril 1789 jusqu'à nos jours

DATES	MAIRES	OBSERVATIONS
Avril 1789 à février 1790.	De Busquet.	
Février 1790 à décembre 1790.	Benoît-Clément de Basquiat Toulouzette.	
27 mars 1791 au 1er octobre 1791.	Louis Lafaurie.	
18 novembre 1791.	Lamarque, Bustarret.	De janvier 1792
13 décembre 1792 au 2 mai 1793.	B. Brethous Lasserre.	à décembre 1792,
2 mai 1793 au 30 juillet 1793.	L. Lafaurie (provisoire).	pas de docu-
8 septembre 1793 au 17 octobre 1793.	Ladsague (provisoire).	ments. Le regis-
17 octobre 1793 au 29 vendémiaire an III.	Dupin, médecin.	tre des délibéra-
29 vendémiaire an III au 7 vend. an IV.	Bustarret.	tions de la muni-
1er frimaire an IV au 24 prairial an V.	Tortigue, président de l'adm. municipale.	cipalité concer- nant cette pério-
24 prairial an V au 9 vendémiaire an VI.	Dusault, président de l'adm. municipale.	de a dû être éga- ré; dès lors, il
9 vendémiaire an VI au 11 prairial an VIII.	Lespès, président de l'adm. municipale.	est impossible de préciser quand a
11 prairial an VIII au 24 messidor an VIII.	Lespès (provisoire).	fini l'administra-
24 messidor an VIII au 11 thermidor an VIII.	Bustarret (provisoire).	tion de Lamarque et quand a com-
12 thermidor an VIII au 11 messidor an XIII.	Alexis de Basquiat.	mencé celle de Bustarret.
Messidor an XIII à novembre 1813.	Paul Cadroy, avocat.	—
Décembre 1813 à avril 1814.	Benoît-Clément de Basquiat Toulouzette.	Sous la Consti-
Avril 1814 à avril 1815 (1re Restauration).	Bon Vincent de Cauna.	tution de l'an III, pas de maire; un
1815. (Cent jours).	Benoît-Clément de Basquiat Toulouzette.	président de l'ad- ministra- tion mu-
1815-1819.	Bon Vincent de Cauna.	nicipale pour le canton, formant
1819-1824.	Benoît-Clément de Basquiat Toulouzette.	dans son ensem- ble une commune.
1824 à 13 juillet 1829.	Bon Vincent de Cauna.	
13 juillet 1829 à septembre 1830.	P. de Basquiat Mugriet.	
21 septembre 1830 à février 1835.	Joseph Morlan, avocat.	
1er avril 1835 à août 1838.	C. Gaüzère, avocat.	
16 novembre 1838 à 13 juillet 1839.	Joseph Morlan.	
13 juillet 1839 à 5 septembre 1844.	Comte Louis Lamarque.	
5 septembre 1844 à décembre 1847.	C. Gaüzère, avoué.	
Mars 1848 à avril 1850.	L. Lespès, médecin.	
Juin 1850 à avril 1852.	Ed. de Ladoue, avocat.	
Août 1852 à août 1859.	X. de Laborde, avocat.	
28 novembre 1859 à 15 mai 1865.	G. Dubedout, avocat.	
2 septembre 1865 au 10 septembre 1870.	Xavier de Laborde.	
15 septembre 1870 à avril 1873.	L. Lagarde, avocat.	Ce document a paru en 1882 dans
Février 1874 à janvier 1878.	L. Sentex, médecin.	le journal la Nou-
Janvier 1878 à décembre 1879.	Edmond de Ladoue.	velle Chalosse.
1880 (vacance).	Faget (adjoint), f. f.	G. D.
Janvier 1881.	Edmond de Ladoue.	

www.ingramcontent.com/pod-product-compliance
Lightning Source LLC
LaVergne TN
LVHW022029080426
835513LV00009B/943